众筹融资、关系网络与创业

孙 雪 黄珊珊 张 瑞 著

同济大学出版社
TONGJI UNIVERSITY PRESS

图书在版编目(CIP)数据

众筹融资、关系网络与创业 / 孙雪,黄珊珊,张瑞著. —上海: 同济大学出版社,2020.9

ISBN 978-7-5608-9298-6

Ⅰ.①众… Ⅱ.①孙… ②黄… ③张… Ⅲ.①融资模式—研究 ②创业—研究 Ⅳ.①F830.45 ②F241.4

中国版本图书馆 CIP 数据核字(2020)第 104164 号

众筹融资、关系网络与创业

孙 雪 黄珊珊 张 瑞 **著**

责任编辑 宋 立 **责任校对** 徐春莲 **封面设计** 陈益平

出版发行 同济大学出版社 www.tongjipress.com.cn

(地址:上海市四平路 1239 号 邮编:200092 电话:021-65985622)

经 销 全国各地新华书店

排 版 南京文脉图文设计制作有限公司

印 刷 江苏凤凰数码印务有限公司

开 本 710 mm×1000 mm 1/16

印 张 11.75

字 数 235 000

版 次 2020 年 9 月第 1 版 2020 年 9 月第 1 次印刷

书 号 ISBN 978-7-5608-9298-6

定 价 58.00 元

前言
FOREWORD

在国家“大众创业，万众创新”政策的影响下，全国涌现了一大批创新创业型企业，众筹可以解决其融资困难的问题，利用众筹融资平台为创业团队募集资金已成为创业融资的重要手段。一方面，众筹融资的关系网络能够使组织间的信息传递更加密切从而提升众筹融资的绩效；另一方面，众筹融资背后的参与行为与关系网络、众筹绩效和创业绩效有一定的影响，如何促进创新创业的积极性，有效提高众筹绩效，进而推动企业关系网络与创业网络的建设，对于企业的发展以及创新型国家建设具有重要意义。

本书以“众筹融资、关系网络与创业”为主题，共分为三章，内容涉及众筹融资过程中的多个领域，以及管理、经济、教育等多个交叉学科的领域，综合了文献分析、理论分析、实证研究、逻辑推理等多种研究方法。

第1章由同济大学经济与管理学院技术经济及管理专业的孙雪撰写，文章围绕着关系嵌入如何影响融资绩效的问题，探讨了发起人和投资者之间的关系嵌入与众筹项目融资绩效的直接关系，以及关系嵌入通过作用于投资者感知产品创新性对融资绩效的间接作用。文章以点名时间网站上共98个众筹项目数据为样本，通过实证研究发现，关系嵌入能够积极影响融资绩效;关系嵌入也能正向影响投资者感知产品创新性;感知产品创新性于关系嵌入和融资绩效的关系间具有中介效应。文章的研究结果丰富了众筹融资绩效的研究,同时也给创新型小微企业进行产品众筹提供了指导和建议。

第 2 章由同济大学经济与管理学院企业管理专业的黄珊珊撰写,文章围绕众筹参与行为背后的诱因以及机理,对众筹领域投资问题的影响因素进行分析,探讨了融资进度与投资者参与行为之间的关系,考察了投资者风险感知和安全感知的调节作用。文章选择八爪鱼采集京东众筹平台上的数据作为样本,通过实证研究发现,众筹融资进度对投资者参与行为具有显著影响;用户的安全感知正向调节项目融资进度和用户参与行为之间的关系;用户的风险感知负向调节项目融资进度对用户参与行为的影响。文章的研究结果对项目发起人如何提高融资绩效以及投资者如何做出理性投资决策具有重要的指导意义,同时给众筹参与各方提出建议,为众筹成功和众筹市场发展提供理论指导。

第 3 章由同济大学经济与管理学院企业管理专业的张瑞撰写,文章围绕效果推理和因果推理对创业绩效的影响展开研究,探索该种影响的作用路径以及因情境因素的改变而发生变化的机理。文章根据长三角地区的 209 份问卷样本进行实证分析,结果表明,效果推理对创业绩效有显著的正向影响,网络异质性在其中起到部分中介作用;因果推理对创业绩效有显著的正向影响,共享目标在其中起到部分中介作用;共享目标对网络异质性与创业绩效之间的关系有正向调节作用。文章对创业者在创业网络的创建、管理视角的提升和创业绩效方面有积极的借鉴作用。

本书内容既从企业自身的角度出发,分析了影响众筹绩效和背后参与行为的因素,同时,也从构建创业关系网络的角度,探索社会关系网络对创业绩效的影响,以期对企业众筹融资、关系网络与创业起到指导作用。

目录

CONTENTS

第 1 章

产品众筹中关系嵌入对融资绩效的影响

——基于感知产品创新性的中介作用

第1节　引　　言

一、研究背景

众筹，是小微企业一种新的筹集资金的方式，为其科技创新筹资来源提供了不同的方向。国家致力于推进创新创业，小微企业一直是促进经济快速发展的重点对象。智研咨询网发布的《2018—2024年中国小微贷款行业深度调研及投资前景预测报告》表明，截至2017年7月末，小微企业数量占全国企业总数量的80%，并且GDP和提供就业岗位等数据都达50%以上。但是，融资难、融资贵两座大山一直摆在小微企业面前，很多企业拿到的首笔贷款时间都长于其存在寿命。传统的贷款方式限制严格、流程较长，对于专注于产品科技创新的小微企业来说，进行产品众筹是一个非常明智的选择。国家对此也大力支持，《国务院关于强化实施创新驱动发展战略　进一步推进大众创业万众创新深入发展的意见》(国发〔2017〕37号)中提出：整合政府社会等资源来建设众筹平台，充分发挥资本优势来支持专注于科技创新项目的小微企业。那么，如何提高产品众筹融资绩效对于小微企业来说显得非常重要。

《中国众筹行业发展报告2018》表明，众筹从兴起到现在，已经经历了2014—2015年高速发展和2016—2017年深度洗牌两个重要阶段，行业集中度提高并进入了规范期。产品众筹是主要的众筹模式之一，从盈灿咨询发布的《2017众筹行业年报》可以看出，截至2017年12月底，产品众筹平台数量占比接近整体的50%，2017年产品众筹融资金额占全国总筹资额近90%，2017年发起的产品众筹项目数量占所有种类数量接近70%，2017年产品众筹投资人数占总人数接近60%。数据表明，产品众筹的用户基础最广泛，融资金额和项目数量也最多，可见研究如何提高产品众筹的融资绩效非常有意义。

对于如何提高产品众筹融资绩效，已有学者进行了研究。很多学者基于信号传递理论和信任理论，辅以实证研究找到了促进众筹项目成功的关键变量。如周逸翰等人的研究结果显示，目标筹资金额、支持人次等都对众筹绩效有显著作用(周逸翰,史琰鹏,2016)。此外 Molick 表明,质量信号还包括融资时间长度,融资时间越长表示发起人对项目的信心越不足,这可能会使得投资者对项目的信任下降,从而造成项目失败(Molick, 2014)。赵颖和邵飞飞实证研究的结果显示,项目参与人数、项目关注人数对众筹成功率具正向激励(赵颖,邵飞飞,2017)。此外,少数学者从社会网络理论和嵌入性理论角度来研究众筹(穆瑞章,刘玉斌,王泽宇,2017;穆瑞章,耿天成,2017)。他们认为,随着发起人的关系网络嵌入程度加深,众筹项目融资绩效也会随之提高。

从关系嵌入角度研究众筹绩效问题为这个领域打开了新的视野。关系嵌入指的是单个行为主体的经济行为嵌入在和别人互动形成的关系网络里,这个网络的很多因素都与经济行为决策相关。事实上,关系嵌入已经被广泛应用到创新绩效研究中。张方华提出了关系嵌入和结构嵌入借助提升企业外部知识获取能力的中介作用来积极提高创新绩效的机制(张方华,2010)。姚艳红等人探索了关系嵌入对创新绩效的正向影响,以及组织记忆的中介作用以及知识耦合的调节作用(姚艳虹,葛哲宇,周惠平,2018)。基于社会网络理论,众筹项目中的发起人、众筹平台和投资者构成了一个独特的网络,平台方给其他两个主体提供了互相交流和传递信息的平台。众筹网络中三个参与者都可视作组织或企业,那么关系嵌入对这些组织绩效的影响是否也与传统企业创新绩效一样呢?二者之间的关系值得探究。

产品众筹通常应用于创新项目的产品融资,该类产品创新性高、娱乐性强、投资成本低,因而对参与者的吸引力很大。一般科技类产品、创意类产品和有特点的农副产品相对于其他产品更受欢迎,究其原因,还是因为这几类产品的创新性高,给投资者带来了更前卫的新奇体验,或是在实用性上做了改进式的创新,使得产品使用感更佳。因此,可以看出想要众筹成功,要有优秀的创新产品来吸引投资者。但是,产品自身的创新是一方面,另一方面让投资者感受到产品的创新性也非常重要。已有学者研究了感知产品创新性和消费意愿的关系。如 Aron 调查研究发现,感知产品创新性能够通过直接增加顾客访问网站的次数实现,进而提升顾客的购买意愿;此外,如果消费者有很强的感知产品创新性,那么他们会愿意将产品介绍给其他人,这样就在消费者之间进行了产品的口碑传递(Aron, 2011)。杨志远的研究也表明,感知产品创新性越高,则消费者购买意愿越强,在线人际互动在其中具调节作用(杨志远,2018)。熟人互动情形相较于陌生人互动情形的调节作用更显著。目前将感知产品创新性运用到众筹领域投资者投资意愿的研究中的文献较少。

从信息的角度来说，关系嵌入是网络成员间信息的流动，而感知产品创新性是对信息的吸收。姚山季和王永贵的研究表明，关系嵌入的各维度都对开发新产品的过程有正向影响(姚山季，王永贵，2012)。张恒俊和杨皎平的研究结果证实，关系嵌入会促进知识溢出和知识吸收能力(张恒俊，杨皎平，2014)。李纲的研究证实了关系嵌入对知识共享的促进作用(李纲，2010)。关系嵌入能够正向促进知识流入(谢洪明，赵华锋，张霞蓉，2012)。根据以上研究，随着关系嵌入程度的加深，网络中成员之间的互动加强，高质量的互动会在双方之间传递有效的知识和信息，促进知识的吸收。那么在众筹过程中，发起人和投资者关于产品的互动也会传递关于产品创新的知识，投资者吸收这些知识代表着更加了解产品和其创新性，也就意味着投资者的感知产品创新性会提高。基于以上的理论分析，关系嵌入对感知产品创新性也有一定的作用路径，但这方面的文献少之又少。

基于上述现实背景和理论背景，本文提出了研究问题，关系嵌入如何影响融资绩效，以及感知产品创新性在其中的作用。

二、众筹的发展

众筹翻译自 crowdfunding，即大众筹资，其本质是一种商业模式，是众包和微型金融相结合的结果。事实上，众筹的历史要早于互联网。众筹的概念最早出现于 17 世纪，英国诗人亚历山大·蒲柏以征订的方式出版书籍，并将支持他的出资者名字印在了书上；接下来历史上可查的最著名众筹事件便是 1884 年的自由女神像筹资项目，为了获取安置自由女神像的资金，纽约市长在报纸上发布了宣传单来鼓励市民为此捐款，最终在 6 个月后从 12.5 万人处筹集资金共 10 万美元。此后，众筹持续发展。1997 年，英国乐队 Marillion 在网络上从乐迷那里筹集了 6 万美元的巡回演出经费。2001 年，第一个众筹平台 Artist Share 上线。2009 年，Kickstarter 作为创意类众筹平台上线。2012 年，美国总统奥巴马签署了《创业企业融资法案》，众筹融资从此开始得到法律认可，受到法律监管。

国外最著名的众筹平台是 Kickstarter，2009 年 4 月在美国纽约成立，是一个支持创新、创造和创意的平台。网站的创意来源于创始人之一 Perry Chen，他热爱艺术并时常组织音乐会，但 2002 年一次音乐会由于资金问题导致被迫取消，使他萌生了创建一个筹集资金的网站的想法。Kickstarter 网站主要涵盖的项目类型有 13 类，涉及电影、音乐、美术、设计、技术和食品等方面。其中，科技、游戏和设计是筹资额最多的三大类。截至 2019 年 3 月，该网站共发起了

43.7 万个项目，共筹集了 41.6 亿美元，共吸引了投资者 1 587.7 万人次。

国内最早的众筹网站是点名时间，成立于 2011 年，是一个专注于智能硬件产品的众筹平台，2014 年 8 月转型为限时预售平台。点名时间的存在快速推动了众筹进入中国市场，作为国内第一个吃螃蟹的众筹网站，其项目数据非常具有研究价值。此外，点名时间在线下每年举办“点名时间 10×10 大会”来帮助智能硬件团队分析市场需求和发展方向，在业内建立了良好的口碑。

众筹之所以能够在中国快速发展，与其自身的优势有很大关系。首先，众筹在一定程度上解决了中小微企业融资困难的问题，通过互联网对大众资源进行了有效配置，降低了融资难度和门槛，使得中小微企业的融资渠道不再受困于传统的银行等具有制度限制的大型机构，也避免了传统 VC 的高要求、高门槛。其次，传统的投融资之间存在很大的信息不对称，并且中间成本也很多，这都导致了传统投资的高风险性，而众筹机制使得投融资者之间的信息更加透明，行动更加直接，解决了信息不对称的同时，也减少了中间成本，还能让投资者参与到过程中来实现自我的价值，此外投资者的参与还能为筹资方提供一份市场调查报告，相当于提前反映了项目产品日后投放市场时能达到的效果，也能提前了解消费者的痛点，使得创业者能够规避可能发生的问题，减少了创业成本和风险。最后，丰富的众筹模式，如债券型、股权型、捐赠型等，满足了不同种类的融资需求，增加了创业项目的曝光量，无论项目成果与否，都可看作是面向大众的一次广告宣传，一定程度上也给潜在的投资人展示了项目产品，为融资成功提高了可能性。

众筹机制除了具有明显的优势之外，也存在着一定的缺陷。首先，发起众筹项目的创业者一般是初出茅庐的创业新手，缺乏丰富的创业经验，可能会在创业准备、管理方面都不够成熟，项目质量达不到一个非常高的标准。其次，众筹项目面对的投资人大多是业余爱好者，不像传统投资人那样自身具备极其丰富的经验和人脉背景，无法全面有效地给创业者很专业、深入的创业指导或建议。再次，众筹机制中，无法保证一些项目后续资金链的完整性，因为大多数众筹项目投资人不够专一，投资者可能后续将注意力转移到了其他新奇的项目上，不像传统投资人那样可能继续提供 A 轮、B 轮、C 轮融资。最后，国内关于众筹的政策法规、法律制度还不是非常健全，信用监控机制也还处在建设阶段，这也是众筹发展中存在的问题之一，后续应该注重建设良好的信用环境、法律环境，同时加强知识产权的保护机制。

针对上述的信用机制缺失、法律体系不健全，国家已经采取了实际行动。2017 年 11 月，证监会主席刘士余提出要积极探索股权众筹试点；2018 年 1 月

3日，李克强总理在国务院常务会议上提出要加大对众包众筹众创机制的研究投入；2018年3月，中国证监会制定了《股权众筹试点管理办法》；2018年5月30日，有消息发布称中国司法大数据研究院与天津中互金数据科技有限公司签署了协议，意味着权威的司法数据与全面的检测平台相结合，有力地监控失信人在互联网金融领域的融资行为，为众筹长久以来面临的失信问题带来了解决方向，这将极大地降低风险，净化投资环境，助力众筹融资长久、健康的发展。

三、研究目标和意义

本章提出的研究问题：关系嵌入与众筹融资绩效的关系，和投资者感知产品创新性在二者关系中的作用，具有理论意义和实践意义。

在理论层面上，首先，本文丰富了众筹项目融资绩效的研究，并提供了一个新的思路和依据，即关系嵌入对众筹融资绩效的影响机制，将众筹项目中发起人和投资者的互动从实践层面的研究上升到理论层面。其次，从投资者也是消费者的角度上，本文提出了研究投资者对众筹产品创新性的感知的重要性，不再局限于众筹发起人的视角和项目本身的设置，丰富了众筹融资绩效的研究角度。

在实践层面上，首先，对于众筹项目发起人来说，可以提醒发起人注重与投资者之间的关系嵌入行为，并且要多把产品创新知识传递给投资者。其次，对众筹平台来说，可以多开发出能给发起人和投资者提供交流互动平台的板块以及展示产品创新特性的页面，这都将有效提高众筹项目融资绩效。最后，对投资者们来说，如果对项目产品有兴趣，希望自己喜欢的产品能够获得更多人的支持，那么可以利用评论板块多将产品的优点创新点展现出来，这会使得其他投资者们更加了解产品，更愿意做出投资行为，同时也将自己的意见和建议传达给项目发起人，给他们提供更多的灵感和建议。

四、研究内容

本章探讨了发起人和投资者之间的关系嵌入与众筹项目融资绩效的直接关系，以及关系嵌入通过作用于投资者感知产品创新性对融资绩效的间接作用。本章研究内容共有六部分。

第一节为绪论。国家非常鼓励创新创业，小微企业对此意义重大，但是小微企业长期面临着融资困难、融资贵的难题，这就引出了众筹模式对帮助小微企业筹集资金的重要性。众筹过程中投资者和发起人双方的互动行为影响着绩效，引入了关系嵌入来解释此机制；并且认为投资者对产品创新性的感知也与绩效有关。因此本文提出的研究问题是关系嵌入如何直接影响众筹融资绩效，并且感知产品创新性在其中的中介作用。此外，还分析了本研究的理论与实践的双重意义和研究技术路线。

第二节为相关理论和文献综述。首先对众筹的定义、分类做了阐述，从众筹绩效影响因素和国内外不同众筹平台两个方面介绍了众筹的研究现状；其次对关系嵌入的起源、维度划分和不同领域的应用做了阐述；再次对投资者视角下感知产品创新性进行了文献综述；最后阐述了知识扩散理论和技术接受理论。

第三节为对理论进行分析并提出假设。以知识扩散理论的作用路径为基础，分别分析了关系嵌入与众筹融资绩效和感知产品创新性的作用机理；从技术接受理论的角度分析了感知产品创新性对众筹项目绩效的作用。据此提出假设，构建了理论模型。

第四节为研究设计。包括样本选择、变量设计和分析方法。以点名时间上所有符合筛选标准的 98 个项目数据为样本，运用专业数据抓取软件“八爪鱼”进行收集，并根据理论分析确定指标，给实证分析做好了准备。

第五节为实证分析。对数据进行了描述性统计分析、相关性分析、多重共线性检验和多元回归分析，以此来验证上述假设和理论模型。

第六节为对本研究的归纳总结，然后针对结论给出实际的建议，也分析了本研究的不足之处和对后续研究的展望。

五、研究方法和研究框架

（一）研究方法

本章一共采用了三种研究方法：文献分析法、理论分析法、实证研究法。

（1）文献分析法。本章对涉及的研究对象做了大量文献综述，首先对众筹项目融资绩效影响因素的文献做了梳理，通过研究现状中的不足提出问题；然后结合对关系嵌入和感知产品创新性的文献分析，确定了研究模型；最后基于文献中的定义提出衡量变量的指标。

（2）理论分析法。本章对相关理论也做了大量文献综述，如关系嵌入、知识扩散理论和技术接受理论等，结合理论分析提出假设，构建了本研究的模型框架。

(3) 实证研究法。打开点名时间网站上每一个融资绩效 100%及以上的项目，查看是否有不符合条件的项目数据，如没有评论、没有公告的项目等，最后筛选 98 个数据完全的项目，运用“八爪鱼”软件抓取了这些项目数据，包括项目详情页上所有数据，其中除前人研究过的基础数据之外，还包括评论和评论下回复的内容等。经过人工筛查，将不符合研究条件的项目数据删除，如没有评论、没有公告的项目等。基于人工处理初始抓取得到的几万条数据，本章对理论模型做了描述性统计分析、相关性分析和多元回归分析等实证检验。

（二）技术路线图

本章的技术路线如图 1.1 所示。

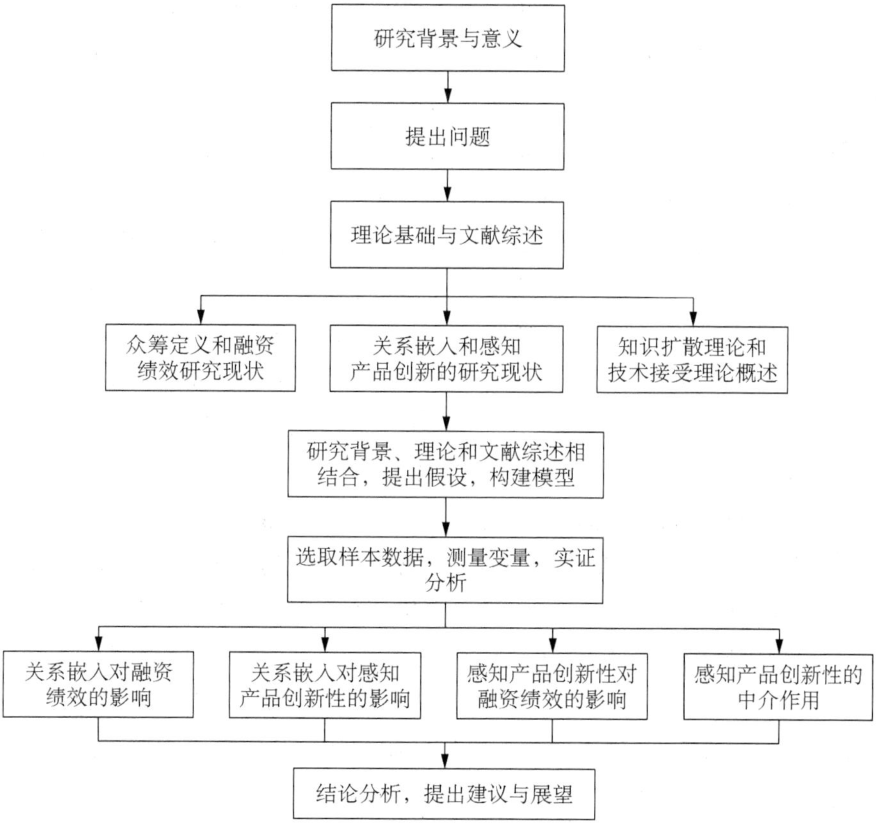

图 1.1　技术路线

第2节 文献综述

一、众筹相关文献综述

（一）众筹的定义

众筹是指中小微企业、非营利组织或个人通过互联网传播项目信息，进而从大众获得资金来支持项目的过程(Mollick, 2014)。很多学者对众筹进行了概念的界定，Belleflamme认定众筹是一个新企业公开招标的过程，以互联网为媒介，通过募捐或许诺某种形式的回报来让公众提供资金，支持新企业完成该项目(Belleflamme P, Lambert T, 2014)。Bechter等人认为，众筹融资的过程就是企业通过互联网向公众传递特定信息，公众选择提供资金来支持项目的过程(Clemens, Bechter, Stefan, 2011)。而Julie等学者们指出Belleflamme的定义有些局限于资本交换，还应强调知识产权的提出(Julie Hui, Elizabeth Gerber, Mike Greenberg, 2012)。Burtch等人提出，众筹是集体评价与筹资的结合，大众作为项目的评价者自主选择要支持的项目，强调了投资者作为项目评价者的角色(Burtch G, Ghose A, Wattal S, 2011)。

众筹的机制中包括发起人、投资者和众筹平台。发起人是发起项目的一方，一般是拥有创新力却又缺乏资金的中小企业或个人。发起人通过众筹的方式为具有创新性的新项目进行资金、信息、资源的筹集，此外也通过众筹对产品信息进行了市场推广，刺激消费者的需求并引起他们的注意力，为后续推进项目做好准备。投资者，也称为支持者、资助者或捐赠者等，是项目资本的提供者。投资者做出是否参与众筹项目的决策时，主要是参考项目性质和特征。根据不同项目的种类和回报的方式，国内外大部分学者将众筹项目分为以下4类(Lambert T, 2010; Buysere, 2012; Griffin Z, 2012)：①捐赠型众筹。这种类型的众筹投资人在项目成功后不会获得回报，很多项目属于艺术类或人道主义类项目，这种投资者可以称为慈善家，为了项目成功不求任何回报。②产品众筹。也称奖励型众筹，指的是项目达到目标金额以后，投资人可以收到发起人事先承诺的回报，回报可以是物质上的产品、礼品等，也可以是非物质的感谢、VIP 资格等。实际上，产品众筹经过不断的发展，现在更像“预售＋团购”的组合形式，把投资者看作是提前购买产品的顾客，许诺他们用更优惠的价格提前拥有产品。产品众筹项目和产品一般都有较为明显的创新性，能够满足投资者和很多个人需求，比如新颖的电子科技产品等，这种模式目前在所有众筹模式中占比很大。③债权型众筹。这是一种发起人与投资者签署信贷合约的模式，可以看作是基于互联网的小额贷款，投资者期待通过提供一定数额的贷款来换取将来的某种回报。④股权型众筹。投资者在项目成功后得到发起人出让的股权或未来利润的分成作为回报，这其实是一种基于互联网的风险投资。众筹平台，负责审核和监督项目，给发起人和投资者提供了一个可相互联系的互联网终端。国内外的众筹平台也都有着明确的运营跟盈利模式，运行过程大致如下：对项目材料进行审核、符合要求的项目上线并提供宣传空间、开展筹资过程、收取手续费或服务费用。

（二）众筹研究现状

1. 影响因素方面

（1）社会资本和人力资本

从资源的角度，Nahapiet 等学者定义社会资本为“在社会网络中，个人或组织和它们之间的关系形成的各种资源的集合”（Nahapiet S，Ghoshal S，1998）。众筹项目发起人的社交网络是项目初始阶段的关键资金来源，主要由现实生活中亲人朋友出资支持（Agrawal，Catalini，Goldfarb，2011）。Ordanini 等人也验证了这一想法，通过研究众筹平台的项目数据得到结论，在项目发起的初始阶段提供资金的一般都是现实生活中与发起人生活有交集的好友和家人，而朋友和家人愿意出资是为了支持发起人创业，而不是对项目或产品本身有兴趣（Ordanini A，Miceli L，Pizzetti M，2011）。

此后，学者们开始关注互联网上的在线社交网络。Mollick 提出，众筹项目中发起人的社会资本能够提高项目成功率（Mollick，2014）。Mollick 以 Kickstarter 上众筹项目数据为样本，发现发起人介绍部分几乎都有发起人 Facebook 的链接，因此 Mollick 用发起人的 Facebook 好友数量来作为社会资本的指标，通过实证得到好友数与最终筹集金额的正相关关系，证实社会资本的确能积极影响众筹绩效。

基于以上研究，学者们陆续从社会资本的各个维度进行深入研究。有学者将其进一步分成内部与外部两个维度。上述现实生活中的家人朋友和社交网络构成了“外部社会资本”，而“内部社会资本”是指在众筹网络中的众多行为之间的关系。Colombo 等学者以 Kickstarter 上的 669 个项目数据为样本，发现内部社会资本能够吸引项目初始阶段的投资，这部分投资起到了领投的作用，对项目取得成功有很大的积极作用，也证实了内部社会资本比外部社会资本更能积极作用于众筹项目成功(Colombo M G, Franzoni C, Rossi-Lamastra C, 2015)。Giudici 等人将众筹项目中社会资本分成了发起人“个人社会资本”和“地区社会资本”(Giudici G, Guerini M, Rossi-Lamastra C, 2013)。个人社会资本指的是发起人基于互联网的线上的社会资本，地区社会资本是指发起人所在地的线下社会资本。学者们根据 461 个众筹项目的数据，证实了个人社会资本在促进融资成功上存在显著的正向作用，但是地区社会资本对项目成功的影响机制比较复杂，呈倒 U 形的关系，即当发起人的地区社会资本较小的时候，会对项目成功有正向影响，而当发起人地区社会资本较大的时候，会对项目成功起有负向影响。学者进行了深入的讨论，当发起人拥有深厚的地区社会资本时，会更倾向于利用这些资源在线下本地融资，这样会比线上更容易筹集到资金；但如果项目质量不高，即使发起人地区社会资本深厚也很难融资，这时就要转战于线上融资。

郑海超等国内学者也把社会资本理论运用到了众筹领域的研究中(郑海超，齐子豪，伍晶，2015)。社会资本一般被分为三个维度，即结构型、关系型和认知型(Nahapiet S, Ghoshal S, 1998)。结构型社会资本是指人们相互之间的联系，通俗来讲就是人与人是否相识并且是怎么认识的(Burt R S, 1995)。这种社会资本注重的是人与人之间的联系与互动，作者用发起人历史曾支持过项目的数量和被别人支持过的项目数量衡量。关系型社会资本描述的是人与人交往过程中所形成关系的紧密程度(Nahapiet S, Ghoshal S, 1998)。认知型的社会资本一般涉及信任问题、共同价值观等。Burt R S 衡量关系型社会资本的指标是用发起人在项目开始到结束过程中跟别人的互动数量。以国内众筹平台点名时间上 2011 年 7 月到 2014 年 6 月期间的 829 个项目数据验证了这三个维度对众筹项目成功均起到正向影响作用，且结构型社会资本最为显著，这与 Colombo 等的研究结论一致(Colombo M G, Franzoni C, Rossi-Lamastra C, 2015)。此外，国内一些学者还发现众筹项目页面上投资者的评论数量正向影响项目的成功率(黄健青，刘雪霏，郑建明，2015)。

企业融资的研究中，Lepak 和 Snell 认为，企业在人力资本上的投入越多，获得投资的成功率越大(Lepak D P, Snell S C, 1999)。这也表明了由于人力资本能提升组织效率来为企业带来收益,同时也加强了投资者的信心,所以投资人在做决策时会考虑企业的人力资本(Dokko G, 2004)。Huckman 和 Staats 研究发现,团队成员过往的经验会解决团队面临的新问题(Huckman R S, Staats B R, 2011)。

在众筹的研究中,Ahlers 等学者将发起人团队的学历、规模、管理结构和经验等作为指标来衡量发起人的人力资本(Ahlers G K C, Cumming D J, Guenther C, 2012)。该研究以 104 个 ASSOB 平台上的项目为样本,证实了发起人团队成员的学历、数量正向促进众筹项目融资成功。具体来说,团队中具备 MBA 学位的人数百分比越大,项目得到的投资者越多;团队中成员(股东、员工)数量增加,项目更容易成功,融资金额也更多。因为拥有 MBA 学位的人意味着具备一定的工作经验和专业知识,更使人相信团队的能力;团队人数越多也表明团队的结构较为稳健,能够更好地使项目进行,这些因素都展示了众筹项目的可靠性。

郑海超等国内学者从信号显示理论的角度,研究了发起人团队的人力资本对项目筹资成功的影响(郑海超,齐子豪,伍晶,2015)。学者采用大家投平台上的股权众筹项目数据为样本,探讨了团队中股东数量、员工数量、最大股东学历和创业次数对众筹项目成功的影响。研究得到了与国外学者类似的结论,股东数量与员工数量确实能积极作用于项目成功。

(2) 项目质量信号

Michael 提出,项目本身能够展现给潜在投资者的质量信号非常重要(Michael, 1974)。因为投资活动伴随着非常大的不确定性,投资者们需要参考这些信息来做出投资决策。项目的质量信息一定程度上减少了信息的不对称性和不确定性,进而加强了投资者的信任感,质量信息与项目最终结果之间也有着紧密的联系(黄玲,周勤,2014)。

Molick 认为,发起人对项目的准备程度可以体现项目的质量信息(Molick, 2014)。学者通过项目介绍页面视频和图片的数量、项目启动三天之内的动态更新数量以及项目文字介绍中存在的拼写错误数量作为指标来衡量项目准备程度。结果显示,视频、图片和项目动态的频繁更新很大程度上使得项目成功,而拼写错误会负面影响项目成功率。国内学者们对此也有相同的结论(陈玉婕,倪宁曦,苟小菊,2015;周逸翰,史琰鹏,2016)。此外 Molick 表明,质量信号还包括融资时间长度,融资时间越长意味着发起人对项目的信心越不够,这就有可能会使投资者对项目的信任下降,进而导致项目失败。黄健青等人也认为,众筹项目融资成功率与融资期限成反比(黄健青,刘雪霏,郑建明,2015)。

此外,差别清晰的回报档级也对众筹融资绩效有影响(Quercia D, Crowcroft J, 2014)。这源于回报档级的增多可以通过实现产品的价格歧视来增加交易价值(Ordanini A, Miceli L, Pizzetti M, 2011)。丰富的回报档级选项,就是给了投资者更多选择的机会,还利于个人不同喜好的显现。吴庆田和匡娅基于众筹平台的真实数据验证了回报档级对众筹成功的积极作用(吴庆田,匡娅,2016)。具体来看,科技类的项目中,多档级回报的设置能够吸引更多的投资者参与活动,从而正向影响筹资结果;而出版类众筹项目回报档级设置与融资额多少并没有显著关系。黄健青等人的研究结果却表示,众筹项目是否成功与回报档级并无必要关联,只有在项目模式是“Keep it All”时显著(黄健青,刘雪霏,郑建明,2015)。

2. 不同平台的研究

美国的 Kickstarter 是全世界领先的众筹平台,给投资者提供了图片视频、音乐、电影、设计、科技等众多选择,也给众多学者们研究众筹提供了准确翔实的项目数据。Kim 等人认为,众筹平台具有不同的评估和风险控制功能,并基于 Kickstarter 平台上 116 956 个项目数据的实证研究得到发起人的过往经验(身份披露、项目经验等)和项目本身质量信号(评论、进度更新、活动持续时长等)都能积极作用于活动成功(Kim T, Por M H, Yang S B, 2017)。Davies 等人基于 Kickstarter 平台上一万个项目数据研究了众筹平台在发起人与投资者之间信号传递的作用,平台的存在减弱了信息不对称带来危害的可能性,展示的项目自身质量信号促进了项目筹资的成功(Davies W E, Giovannetti E, 2018)。Roma 等学者则专注于研究 Kickstarter 上的高新技术产品领域奖励型众筹的影响因素,比如新产品创意专利和发起方的社会资本(Roma P, Petruzzelli A M, Perrone G, 2017)。

国内发展不错的产品众筹网站有点名时间、京东众筹和淘宝众筹等。点名时间是国内第一家产品众筹平台,也是第一家专门做智能硬件产品的网站。国内一些学者采取了点名时间上的数据,研究哪些因素与众筹项目成功有关。蔡莹莹和岳中刚基于点名时间的数据得到感知风险、感知收益和信任度与项目是否会成功有关(蔡莹莹,岳中刚,2016)。结果表明,感知风险与项目筹资绩效呈负相关;而感知到的收益和信任程度则能有效提高筹资额。黄玲等学者基于点名时间的数据研究了众筹网络中三方的异质性激励作用以及众筹机制的自反馈效应,也强调了众筹平台优秀的规则设置对项目成功的重要性(黄玲,周勤,

2014)。李文娟等学者还将点名时间与 Kickstarter 平台的项目融资模式作了对比,基于 Kickstarter 平台成功的几个重要原因,如适应时代发展的需要、法律监管规范化、充分的项目资金预估和融资等级划分以及高度的媒体关注度,给点名时间平台提出了几点建议(李文娟,严丹荔,郭迎雪,2014)。京东众筹近几年也发展迅速,有许多学者利用京东众筹平台上的数据研究了众筹成功的影响因素和众筹机制等。陈波等学者的研究结果表明,众筹项目设置和投资者参与都对项目绩效有积极作用(陈波,彭一扬,罗荷花,2018)。赵颖和邵飞飞实证检验了京东众筹上成功融资的项目提炼出来的数据,也得到了相似的结论,项目参与人数、项目关注人数积极影响众筹成功,以及项目目标金额对项目成功的负向作用(赵颖,邵飞飞,2017)。邓金卫为了验证前人的学术成果,也以京东众筹的项目数据做了检验,得出支持人数、投资者评论数以及项目更新次数都与众筹成功有明显的关系,而回报档级对结果的影响并不显著(邓金卫,2016)。这个结果虽然和前人的结果吻合,但是这与 Denis Frydrych 等学者认为的回报档级对众筹融资绩效的正向影响的结论有所不同(Frydrych D, Bock A J, Kinder T, 2014)。邓金卫也解释了造成这个差别背后的原因,国内不同回报档级主要是回报产品的数量不同,而国外则是回报的产品不同,所以国内的回报产品较为缺乏战略性,没有全方位的满足投资者的需求(Thürridl C, Kamleitner B, 2016)。

二、关系嵌入

(一) 关系嵌入的提出和定义

Wellman 于 1988 年提出了社会网络理论,该理论认为“社会网络是由某些个体间的社会关系构成的相对稳定的系统”,也就是把“网络”看作是联结行动者的一系列社会联系或社会关系。

“嵌入”概念第一次出现在 1944 年 Polanyi 出版的《大转型》里,他认为在 19 世纪以前,人类的经济行为嵌入在社会关系里,并提出经济是社会的一部分。Granovetter 进而提出了“经济行动嵌入社会结构”的概念假设,阐述了经济行为是被“嵌入在具体的、一直变化的社会关系里”的观点。此外,他还认为以下三个经典的社会学假设能够为现代经济学提供坚实的理论基础(Granovetter, Mark, 1985)。首先,经济目标和非经济目标是相互伴随着实现的,如社交活动、表扬、权力等;其次,所有社会中的经济行为都不能是单一的,因为所有行为都是被嵌入在关系网络中的人来完成的；最后，经济制度全都不是由外部自主形成的，都是“被社会地构成”(Granovetter M，梁玉兰，2001)。

学者们把“嵌入”分成了不同维度。Granovetter 将其分为结构嵌入和关系嵌入(Granovetter，1992)。Zukin 和 Di Maggio 将其分为结构嵌入、认知嵌入、政治嵌入、文化嵌入(Zukin，Di Maggio，1990)。结构嵌入是主体嵌入于社会网络的概述；认知嵌入是指行为主体实施行为受到思维意识的控制；政治嵌入是指政治制度会作用在经济行为上；文化嵌入是指行为主体的教育程度、价值观等会影响其行为。Johannisson 和 Pasillas 等学者则将其划分为实体嵌入和系统嵌入，实体嵌入主要关注实体要素，如主体、内容等，系统嵌入主要关注经济行为所在的社会结构、关系网络等角度，这与关系嵌入和结构嵌入的划分有异曲同工之妙(Johannisson B，Ramirez-Pasillas M，Karlsson G，2002)。因而本研究主要关注结构嵌入和关系嵌入。

结构嵌入的定义是行为主体所处的网络和其他网络相互关联所形成的一种外部网络结构，并且嵌入在整个社会网络中，描述了行为主体所处网络位置以及网络的结构和功能(侯仕军，2011)。结构嵌入主要强调的是企业结构资本的重要作用(Patel P C，Terjesen S，2011)。Moran 强调结构嵌入是反映企业网络中心度和桥连接的一种网络结构模式(Moran，2005)，Stam 等学者也有相同的定义(Stam W，Elfring T，2008)。网络中心度(企业所在的位置)是企业访问所在行业另一公司的深度和速度，通俗来说，如果企业能够迅速地与行业中另一家企业取得联系，那么表明该企业具备较高的网络中心度。桥连接是指企业穿越行业界限的网络连接程度，如果一个企业所在的网络由较多种类不同行业的成员构成，那么就说明这个企业拥有丰富的桥连接。

关系嵌入指的是“单个行为主体的经济行为嵌入在和他人互动形成的关系网络里，这个网络的很多因素都会影响经济行为决策”。关系嵌入重点关注的是企业关系类型社会资本的重要性，Granovetter 认为，“关系嵌入注重双方之间的互动过程，它使得参与者能够通过强有力的、社会化的关系对行为效益产生共同了解，进而影响着行为”(Granovetter，1992)。企业网络连接的性质与质量能够影响企业社会资本的价值(Stam W，Arzlanian S，Elfring T，2014)。Uzzi 首先认为，“关系嵌入是在强调网络中成员之间直接、紧密的联系，这种联系创造了网络内高水平的相互信任、精密的信息传递和共同解决问题的机制”(Uzzi，1996)。Uzzi 次年的研究又说明了关系嵌入的重点关注对象是关系要素，也就是网络成员之间相互关联的二元交易关系问题，指出关系嵌入是为了参与者们能够相互交换信息(Uzzi, 1997)。相似地,Gulati也认为,关系嵌入是为了网络成员间能够共享高质量的信息(Gulati R, 1999)。

Moran认为,关系嵌入的关键特点在于相互信任、身份重叠、亲密、团结、认同等(Moran, 2005)。Uzzi的研究表明,可以从"信任""信息共享"和"共同解决问题"三个角度来对关系嵌入进行研究(Uzzi, 1997)。Granovetter针对社会网络参与之间联结程度的强弱程度,分成强、弱联结关系嵌入(Granovetter, 1992)。Uzzi认为,社会关系的强联结能积极促进企业项目绩效(Uzzi, 1997)。Larson也得出了相同的结论,在强联结中关系网络能够进行更高效的信息沟通,经济得以健康发展(Larson, 1992)。

(二) 关系嵌入与研究现状

很多学者的研究把关系嵌入和企业项目创新绩效联系在一起。张方华从结构嵌入和关系嵌入两个角度,以270家公司的问卷数据为研究样本进行实证研究,结果表明,这两种角度的嵌入都能够积极影响创新绩效,企业的知识获取能力在这个机制中扮演着重要的中介效果(张方华,2010)。陈璞和魏本权基于前人对嵌入性理论的多维度划分,结合研究对象的特征,从实体、关系和结构三个方面解析了科技镇长团作为一个行为主体嵌入社会网络的过程和成效(陈璞,魏本权,2018)。国内学者李俊亭等人基于Granovetter对关系嵌入的维度划分,探究了创新项目内外部创新因素的联结程度是如何影响创新绩效的(李俊亭,闻雯,马加传,2018)。结果显示,创新项目的关键内部因素之间呈强联结、外部因素之间也呈强联结关系,其中外部因素的强联结起主要作用;而内部因素和外部因素之间呈弱联结。闫俊、葛宝山等人以高科技创新企业为研究对象,通过2个月的调研最终得到了187份有效问卷,研究了关系嵌入和结构嵌入的交互对绩效的积极作用,和双元创新在这个机制里的中介作用(闫俊,葛宝山,董保宝,2018)。姚艳红等人探索了关系嵌入对创新绩效的正向影响,还有组织记忆的中介作用以及知识耦合的调节作用(姚艳虹,葛哲宇,周惠平,2018)。有学者讨论了关系嵌入和焦虑依赖通过信任这个中介变量对合作绩效的积极作用机制(Lien C H, Wu J J, Chien S H, 2017)。

很多学者进一步将知识相关理论和关系嵌入相结合。谢洪明等学者认为持续的知识流入可以维持企业的竞争力,通过对高新技术企业和民营科技企业进行问卷调查研究,实证结果显示关系嵌入通过知识流入这个完全中介来有效提高创新绩效;而再把企业规模作为控制变量加入模型,便可以得出小规模企业里关系嵌入对知识流入不再具有积极影响(谢洪明,赵华锋,张霞蓉,2012)。李纲基于资源依赖理论提出了研究合作创新组织知识共享的框架,依赖结构对知识共享的直接和间接作用,和关系嵌入的中介效应(李纲,2010)。研究结果显示,提高依赖总和,关系嵌入程度也会随之加深,进而推动知识共享,提升依赖不对等反而会降低知识共享,且依赖不对等程度的提高会减弱依赖总和对关系嵌入的影响。张恒俊和杨皎平运用结构方程的方法,验证了关系嵌入和企业创新绩效的正向关系,还有知识溢出和知识吸收能力的中介作用(张恒俊,杨皎平,2014)。具体来说,隐性知识溢出对关系嵌入和创新绩效的中介作用大于显性知识溢出。这可能是因为隐性知识一般是由实践获得,它的转移和效仿比显性知识更困难,因此隐性知识是企业不可缺少的核心竞争力。李奉书和黄婧涵的研究中,基于416家高技术联盟企业的调查问卷,从关系嵌入和认知嵌入两个角度研究网络嵌入性,企业的知识搜索进一步分为知识搜索宽度和知识搜索深度,实证研究了嵌入性对企业技术创新绩效促进机制,还有知识搜索的中介作用以及知识刚性的负向调节作用(李奉书,黄婧涵,2018)。常西银和孙遇春从企业网络关系嵌入的视角,验证了企业协同创新能力和知识扩散之间的双向循环促进机制(常西银,孙遇春,2018)。知识扩散从以下四个角度提高企业协同创新的能力:①协同创新带来高质量差异化的知识源;②知识的边际效用递增会促进协同创新;③优化提升企业知识网络;④刺激企业的知识敏感性进而提高学习创新的主动性。

三、感知产品创新性

(一)感知产品创新性的定义与维度

Ordanini等学者认为,众筹一个非常突出的特点是将众筹参与者从消费者转换成了投资者(Ordanini A, Miceli L, Pizzetti M, 2015),而产品众筹,由于其性质类似于新产品预发布,具有一定的营销性质(Joenssen D W, Michaelis A, Müllerleile T, 2014)。从消费者的角度对创新进行研究主要有三条路径,消费者创新、消费者创新性和消费者感知创新性(陈姝,刘伟,王正斌,2014)。三者之间既有区别也有联系。从联系上,三个概念都是从消费者角度进行探究,且消费者创新性会影响感知创新性,而感知创新性也会影响消费者创新;从区别上,消费者创新是指消费者在参与改进已有产品或服务的过程中,使得产品更符合自身需求(Oliveira P, Hippel E V, 2011),消费者创新性是对其个体特性的衡量,体现的是顾客对于新产品的接受能力差异,而消费者感知创新性是消费者对企业、产品或服务等方面创新的自身感受和评判。研究消费者感知创新性与企业创新绩效的关系逐渐成为创新研究范围内非常的重要课题(Kunz W, Schmitt B, Meyer A, 2011)。

感知创新性的研究一般被集中在消费者感知产品、服务、企业的创新性和产品创新顺序这几个领域(Vogt D, 2013;陈姝,刘伟,王正斌,2014)。

感知企业创新性,是指消费者主观认识到企业正在持续产生新颖的且能够影响市场的想法(Kunz W, Schmitt B, Meyer A, 2011)。这是消费者基于企业整体创新能力的认知,相对较难衡量。感知服务创新性强调了服务创新对于企业实现产品差异化、打造品牌优势和核心竞争力的重要性(鲍娟,2018),学者黄音也认为,顾客服务感知能够显著提高顾客满意度(黄音,2017)。对于感知产品创新顺序的研究一般从顺序说和图式说两个角度展开。前者认为,感知产品创新顺序是自然而然发生的,即可用了解、使用产品的顺序来衡量。率先进入市场的创新品牌叫作先锋品牌。而 Nakamoto 发现,消费者第一个认识的品牌很有可能被其认作是先锋品牌,原因是市场上没有同类产品,消费者会把率先进入市场的这个品牌当作该类产品的标杆,进而对这类产品的特性产生一定的认知(Nakamoto, 1989)。图式说是指消费者在新接触企业时获取的先锋知识会在脑海里产生联想,形成图式。先锋知识是产品进入市场的顺序方面的相关知识,如广告、口碑传播、产品标签等。先锋知识在感知过程之中,首先激发了顾客对品牌的正面认知,让人觉得品牌更具独特性、代表性(Alpert F H, Kamins M A, 1995);其次也帮助企业构建了顾客对企业层面先锋地位的信任(Niedrich R W, Swain S D, 2008)。感知产品创新性,是指让消费者感知到一个产品的新颖性,产品的新颖性和实用性是消费者感知产品创新性的两方面认识(Rogers E M, 2003)。现有文献一般从以下四个角度探讨其影响因素:①产品利益属性角度的研究主要集中在研究产品的功能和外观对消费者的影响。产品功能属性角度,Meyers-Levy 和 Tybout 的研究结果表明,产品新颖性与感知产品创新之间存在倒 U 形关系(Meyers-Levy J, Tybout A M, 1989)。处于消费者的认知范围内时,产品新颖性的增加会增加消费者对产品创新的认同,而当超出了消费者的认知水平后,消费者对产品创新的认同感会下降。产品外观方面,有学者认为产品的外观设计是否新颖影响消费者对产品创新的感知(Radford S K, Bloch P H, 2011)。另有学者 Gill 把产品属性进一步细分为产品的功利属性与产品的享乐属性(Gill, 2008)。②信息属性角度强调消费者感知产品创新性的同时也是在学习其创新性(Vogt D, 2013)。很多学者认为,企业对产品的信息宣传积极影响了消费者感知产品创新性。如Jung等研究发现,企业宣传信息的显著性可以加强消费者对产品创新性的感知(Jung Grant S, Campbell M C, Jhang J H, 2012)。③认知方式角度强调消费者对于产品的认知过程与方式会影响其感知产品创新性。关于认知方式的研究主要分为类别化、类比和心理模拟三种。类别化是一种基础认知方式,对创新程度一般的产品比较适用,因为全新的产品在消费者的认知范畴里没有分类,无法对其进行类别化。对于全新产品来说,类比和心理模拟往往是更合适的方式。Feiereisen等研究发现,文字型信息比图片信息更能提升消费者对全新产品的创新性感知(Feiereisen S, Wong V, Broderick A J, 2010)。④消费者特征角度强调消费者的个体属性对感知产品创新性的影响,如消费者的认知水平、逻辑、情绪等。综上所述,感知产品创新性受多方面因素影响,在研究时应尽量考虑全面。

感知产品创新一般被分为以下几个维度。有学者将其分为对产品的新颖性和实用性的认识(Andrews J, Smith D C, 1996; Sethi R, Smith D C, Park C W, 2001)。Lee等人将其分为对于消费者的优势和消费者接受困难度(Lee Y, O'Connor G C, 2003)。学者Gill将产品属性进一步拆分为功利属性和享乐属性(Gill, 2008),也有学者分为产品功能属性和产品外观(Meyers-Levy J, Tybout A M, 1989; Radford S K, Bloch P H, 2011)。

(二) 研究现状

感知产品创新性和消费者对产品的态度以及后续行为之间有着密不可分的积极联系,因而作为非常重要的概念被学者们应用到很多不同领域。

消费者感知产品创新性被广泛应用在购买意愿领域。有学者调查研究发现,感知产品创新性能够使消费者更加频繁地登录网站进而增强其购买意愿;此外,当消费者对产品创新性的感知程度较强时,会更愿意将产品介绍给其他消费者,从而促进了消费者之间的口碑传播(Aron O'Cass, Jamie Carlson, 2011)。同时,也有学者认为感知产品创新性和购买意愿的关系中,还受到产品类型和消费者特性的影响(Zolfagharian M A, Paswan A, 2009)。常亚平等学者以手机制造业为例,从功能、操作以及外观这三个方面来衡量感知产品创新,实证表明,产品创新中外观创新和操作创新会增强购买意愿,而功能创新则减弱购买意愿,情感反应则起到中介作用(常亚平,朱东红,李荣华,2012)。陈姝等通过长达

15 周的跟踪问卷调查，得出感知产品创新性通过增加或者减少消费者对产品的喜爱度间接地影响其对购买新产品的意愿的结论(陈姝，刘伟，王正斌，2016)。赖俊明基于技术接受模型理论和创新扩散理论，验证了消费者创新感知对消费者采纳意愿的正向影响，且消费者的创新性可以增强该影响程度(赖俊明，2017)。赖俊明针对此研究结果建议智能手机生产商多多改善并关注手机的感知易用性，以此来更大程度满足消费者的需求。张欣瑞和张荣艳以搜索品和体验品两种类型的新产品为样本，实证检验了感知创新程度越高，消费者采纳意愿越高，而且该机制对搜索型产品比对体验型产品的影响程度更高(张欣瑞，张荣艳，2018)。类似地，杨志远的研究也表明，感知产品创新的新颖性越高，则消费者购买意愿越强，且在线人际互动能显著正向调节二者之间的关系，熟人互动情形相较于陌生人互动情形的调节作用更显著(杨志远，2018)。

感知产品创新性也被应用到企业品牌的相关研究中。互联网快速发展以前，企业的品牌几乎都掌握在企业自己手里，消费者只能被动地通过广告、报纸、杂志等信息源感受企业的品牌价值。而在互联网高度发达的现在，消费者从被动到主动，逐步参与到企业品牌的塑造中。陈姝等学者基于联想网络模型和信号理论，实证检验了感知产品创新性积极影响品牌资产的机制，以及品牌的创新联想在其中的部分中介作用和消费者创新性的正向调节作用(陈姝，王正斌，刘伟，2015)。薛哲等人实证研究发现共创信号的三个方面：观察者对消费者的相似性感知、自主性感知和胜任性感知，通过产品创新感知的中介作用进而影响消费者对品牌的认同，且其中相似性感知能直接影响消费者对品牌的认同(薛哲，杨建辉，张中英，2018)。

部分文献以感知产品创新为因变量进行了研究。牟宇鹏等人结合社会认知理论，验证了消费者参与创新会提高第三方消费者感知产品创新性和身份认同理论的中介效应(牟宇鹏，吉峰，汪涛，2015)。薛哲等人提出了观察者对企业支持感知影响感知产品创新的路径，验证了企业支持感知对产品创新感知的积极作用，以及观察者对参与消费者的认知的完全中介作用(薛哲，杨建辉，张中英，2018)。

四、知识扩散理论

(一) 知识扩散理论的定义和路径

知识扩散理论是指不同组织群体之间能够共享某一领域的知识，通过组织成员的相互学习与交流来实现知识的实践和创新(雷怀英,王童,申成霖,2017)。很多学者从社会网络的角度出发来研究和讨论知识扩散理论。刘璇等学者认为,从社会资本的角度,创新网络中的知识扩散实质上等同于社会交换(刘璇,李嘉,陈智高,2015)。Cowan 认为,网络中的节点互相交换不同类型的知识会使该网络呈现小世界特性(Cowan R, Jonard N, 2004)。Deroïan 认为知识扩散的过程是社会网络中每个潜在用户从不平衡状态转变向平衡状态的过程(Frédéric Deroïan, 2009)。刘兰建等学者则认为,网络中企业具有独特的知识势能,知识势能差造成了知识的扩散与转移(刘兰建,党兴华,蒋军锋,2007)。李志宏和朱桃则是从社区成员的关系网络视角出发研究了知识扩散理论(李志宏,朱桃,2010)。

学者们根据研究内容的差异对知识扩散进行了不同的路径划分。基于扩散理论,知识扩散是知识交流的过程(胡振华,刘宇敏,2002)。正式交流与非正式交流是知识扩散的两个重要途径。正式交流是知识生产者把个人整理好的成果通过图书、期刊、视频等媒介传递给知识接受者;而非正式交流是交流双方直接交流,速度快并且内容广泛。知识包括显性知识和隐性知识。显性知识是指通过公开发表的通道直接传达的知识,隐性知识无法直接表达,往往是在互动过程中需要人们配以自己的经验、观念和洞察力来理解。因此可以看出,正式交流传递的是显性知识,非正式交流传递的是隐性知识。杨菊萍和贾生华在研究中选择了知识扩散的两个路径,即非正式交流中的知识溢出路径和合作关系中的知识转移路径(杨菊萍,贾生华,2009)。基于非正式交流的知识溢出路径的相关研究认为,基于社会网络的面对面交流使得知识尤其是隐性知识能有效地在网络中扩散,因此能够加快企业创新发展的进程(Dahl M S, Pedersen, 2004; Owensmith J, Powell W W, 2004)。知识溢出指的是接受方把所接受的知识与自身具备的知识相结合得到的新知识。基于合作关系的知识转移路径的相关研究认为,嵌入在企业资源中的知识是随时间积累形成的,真正有价值的知识能在干中学里扩散,因此与企业形成合作关系以共同解决问题显得非常有必要(Boari C, Lipparini A, 1999)。

(二) 知识扩散的影响因素

Kim 等学者从社会网络的角度,认为小世界网络是最公平有效的网络结构类型(Kim T, Por M H, Yang S B, 2009)。但是各个学者对这个研究结果的看法不尽相同。如黄玮强等学者基于拓扑结构特征的不同把创新合作网络分为随机网络、小世界网络、规则网络和无标度网络，分别建立模型仿真验证知识扩散的规律，最后得出无标度网络结构最能通过提高知识扩散的深度、速度和效率等提高知识扩散绩效(黄玮强，庄新田，姚爽，2012)。相似地，Lin 等人也认为，无标度网络结构能获得最优的知识转移绩效(Lin M, Li N, 2012)。此外，有学者探讨了知识黏性对集群知识扩散的影响(Zander U, Kogut B, 1995)。Levinthal 指出，接受方的知识吸收能力包括对新信息的识别、吸收和将新信息转化为创新的能力，这对集群知识扩散有正向影响(Levinthal, 1990)。Simonin 则研究了集群环境(包括文化距离、组织距离、先前经验和复杂性等)对其知识扩散的负向影响，以及知识模糊性的中介效应(Simonin, 1999)。

知识扩散理论被广泛应用到企业创新绩效的研究领域中。杨菊萍和贾生华研究了知识扩散的两种路径对中小企业创新绩效的正向影响，以及知识吸收能力在非正式交流知识溢出路径上的负向调节作用和在合作关系知识转移路径上的正向调节作用(杨菊萍，贾生华，2009)。缪根红等学者基于创新理论和知识管理理论，研究了知识扩散的不同路径对员工创新绩效的影响(缪根红，薛利，陈万明，2014)，提出了正式交流和非正式交流两种扩散路径，基于企业员工的调查数据，检验了两种路径作用于员工创新绩效的不同机制，这个机制还受到员工知识吸收能力和主动遗忘能力的调节。刘闲月等人着重探索了网络位势和企业知识扩散的关系，认为企业知识扩散可以通过丰富的网络关系扩大企业知识搜寻边界，加快知识扩散速度，也可以依据所占位置带给企业差异化的创新资源(刘闲月，林峰，孙锐，2012)。

五、技术接受模型

技术接受模型是 Davis 研究用户接受并使用信息系统时提出的，该模型认为，用户感知有用性和感知易用性是决定用户行为的两个关键因素(Davis F D, Bagozzi R P, Warshaw P R, 1989)。感知有用性表示的是用户认为使用某个技术能够提高工作绩效的程度，感知易用性表示的是用户认为使用某个技术时能轻松掌握的程度。同时，这两个因素会影响个体对技术的行为态度，在个体形成基本的行为态度后，行为态度将和感知有用性共同决定个体的行为倾向，该行为倾向基本上决定个体是否会接受采纳新技术。

技术接受模型是一个普适模型，具有高度简洁化、易操作和强解释性，所以被广泛应用在购买意愿领域中。赖俊明研究表明，消费者对于智能手机智能技术的感知有用性和感知易用性会正向影响消费者对于智能技术的采纳意愿(赖俊明,2017)。消费者如果感觉新技术的学习成本过高,可能就会放弃采纳该技术。井淼和周颖把感知风险引入技术接受模型中,研究了感知风险如何影响消费者购买行为(井淼,周颖,2005)。Chen 等人将技术接受模型与创新扩散理论相结合来研究消费者网上购物意愿,通过对 253 名消费者的相关数据分析发现消费者感知易用性和感知有用性会直接影响其购物态度(Chen, Gillenson Market L, Sherrell Daniel, 2002)。

第3节 理论分析与假设

一、提出假设

基于社会网络理论,众筹平台、投资者和发起人三者具备一系列社会联系,发起人在平台上提交项目材料,众筹平台过审后给予平台支持,投资者在平台上支持并跟踪自己喜欢的项目,这就形成了一个比较稳健的系统,因此三者也组成了一个小的社会网络。在这个网络里面,发起人、投资者和众筹平台分别是三个网络组织成员。

Uzzi和Gulati都强调关系嵌入是为了网络成员间能够交换优质信息(Uzzi, 1997; Gulati R, 1999),交换的信息越多,关系嵌入的程度越深。Granovetter强调关系嵌入是指网络成员之间的互动。互动越多,传递的信息越多,关系嵌入的程度越深(Granovetter, 1992)。

(一)关系嵌入与众筹融资绩效

Batjargal研究表明,社会网络对企业进行知识获取、减弱不确定性和降低风险非常有帮助,能够促进企业创新绩效(Batjargal B, Liu M, 2004)。Uzzi对关系嵌入的维度划分包括相互信任、信息传递和共同解决问题(Uzzi, 1996)。相互信任是指网络成员之间对彼此具有身份认同感,会更愿意相信和接受其他成员们的意见和建议;信息传递是指网络成员双方相互交流、共享相关信息和知识,这些信息的传递会帮助加速新产品开发进程;共同解决问题是指网络成员双方一起克服困难、解决问题来完成新产品的开发(姚山季,王永贵,2012)。

关系嵌入强调的是成员之间交换优质信息。从信息的角度来看,关系嵌入的程度越深,则成员间对彼此的信任程度越强,会更愿意接受其他成员的意见,那么就会吸收更多其他成员传递的知识和信息,从而会加强知识吸收能力(知识转移的工具)。信息传递和共同解决问题两个维度与知识扩散理论的两个路径(基于非正式交流方式的知识溢出路径和基于合作关系的知识转移路径)不谋而合。网络成员双方直接就有关知识和信息进行交流分享，这本身就是一种非正式交流形式，知识在网络成员之间扩散，便于被成员学习吸收，然后帮助提高企业的生产效率，加快企业的发展进程，最终积极增加企业的创新绩效；网络成员双方共同攻克难关并解决问题，表明双方为了同一个目标的合作关系，双方各自具备的知识在网络中进行转移，扩大了各自的知识边界，降低生产成本，最终有助于其改善产品并提升绩效。并且，基于合作关系的知识转移路径的相关研究认为，嵌入在企业资源中的知识随时间积累形成，真正有价值的知识能在实践中传播，因此与企业形成合作关系以共同解决问题显得非常有必要（Boari C, Lipparini A, 1999）。

因此，关系嵌入的程度越深，企业能在初始阶段就更准确把握住顾客的需求，加速的信息传递能够加快新产品的上市速度，同时帮助企业迅速识别出新产品该具备的各种性能，那么绩效会随之提高；关系嵌入的程度越深，则外部组织所提供的信息越接近于企业所关注的问题，能够帮助企业在开发过程中尽早解决可能会出现的问题，能缩短开发周期、降低成本，最终也会提高绩效。

在众筹形成的网络中，发起人相当于一个企业（组织），投资者对于发起人企业来说相当于外部企业（组织），随着发起人组织在众筹网络中的关系嵌入程度慢慢加深，信任程度越深，信息传递会越来越多，共同解决问题的能力越强。比如发起人要跟投资者们保持互动交流，多展现项目相关的信息和知识，使投资者更加信任发起人和项目本身，这样投资者们会更愿意关注项目并投资；发起人也可以在产品设计阶段与投资者们进行互动，调研投资者们的具体需求，这样产品会满足更多人的要求；也可以随时与投资者们交流开发过程中遇到的问题，征询大家的解决意见或一起进入深度讨论，众筹投资者中有很多领先用户，能够为发起人提供非常优质的、创新性的建议。那么，组织间各种知识的吸收、溢出和转移越全面迅速，则最后也会获得更高的绩效。

因此，基于上述理论分析，提出假设 H1：关系嵌入能够正向促进众筹融资绩效。

（二）关系嵌入与感知产品创新性

消费者做出购买决策的过程是一个信息加工和处理的过程，消费者需要获取更优质的信息，而他人传递的信息对决策来说具有比较高的可信度，同时人际信息的扩散也有很重要的作用（杨娜，2012）。关系嵌入是为了网络成员之间能够相互共享高质量的信息（Gulati R, 1999）。那么从信息的角度来说，对产品创新性的感知是主体对接触的知识进行学习吸收的过程(Vogt D，2013)。企业积极宣传产品信息能有效提高消费者感知创新性。

关系嵌入的程度越深，网络成员之间的信任感越强，那么互相的身份认同感越强烈，就会更愿意相信和吸收其他成员传递的信息，组织的知识吸收能力会越强(知识转移的工具)；基于知识扩散论理论，网络成员双方直接就有关知识和信息进行交流分享，这本身就是一种非正式交流形式，知识在网络成员之间扩散，有利于成员学习新的知识；网络成员双方共同攻克难关并解决问题，表明双方为了同一个目标的合作关系，双方各自具备的知识在网络中进行转移，扩大了各自的知识边界。那么组织对于产品创新性的感知会随着知识的吸收、转移、扩散而增强。

在众筹形成的网络中，发起人相当于一个企业(组织)，投资者对于发起人企业来说相当于外部企业(组织)，随着发起人组织在众筹网络中的关系嵌入程度慢慢加深，潜在投资者对于共同关注该产品的伙伴们的身份认同感会加强，他们更愿意相信其他投资者们的行为和传递的信息；信息传递越来越多，共同解决问题的能力越强，那么组织间各种知识的溢出和转移越全面迅速。基于产品众筹项目的创新特性，项目发起人和投资者之间传递的知识中会包含很多关于产品创新性的知识，那么投资者吸收的产品创新知识越多，从而投资者对产品创新性的感知会越强。

因此，基于以上分析，本文提出假设 H2：关系嵌入能够正向促进投资者感知产品创新性。

(三) 感知产品创新与众筹融资绩效

基于技术接受理论，消费者对于新系统的感知有用性和感知易用性能促进其接受采纳该系统。从技术层面分析，众筹投资者既是投资者也是消费者，投资者接受众筹模式和产品的过程与其接受信息系统的过程具有一定的相似性，因此参照技术接受理论用于研究消费者进行在线购买的可行性(Aron O'Cass，Jamie Carlson，2011)，将技术接受模型理论运用到研究众筹投资者投资意愿中是可行的。

对感知产品创新性能够有效促进消费者的购买意愿这一路径，学者们有着广泛的研究。有学者研究表明，提升顾客的感知产品创新性能够使其更愿意频繁地访问网站进而提高其购买意愿；此外，当消费者对产品创新性的感知程度较强的时候，会更愿意将产品介绍给其他消费者，从而促进了消费者之间的口碑传播(Aron O'Cass, Jamie Carlson, 2011)。常亚平等学者选择手机制造业作为研究对象,从产品外观、操作和功能等角度来衡量感知产品创新性,实证结果显示,外观创新和操作创新积极促进顾客的购买意愿,而功能创新负向作用于购买意愿,情感反应则在其中起中介作用(常亚平,朱东红,李荣华,2012)。张欣瑞和张荣艳以搜索品和体验品两种类型的新产品为样本,实证检验了感知创新程度能够积极提高顾客采纳意愿的机制,并且该机制对搜索类型产品的作用程度高于体验类型的产品(张欣瑞,张荣艳,2018)。Davis 等提出并验证了创新感知一方面能通过理性判断直接地影响众筹项目融资绩效,另一方面能通过对产品的积极情感反应间接地影响该绩效(Davis B C, Hmieleski K M, Webb J W, 2017)。赖俊明研究了消费者对智能手机、智能技术的感知有用性和感知易用性会正向作用于消费者对智能技术的采纳意愿(赖俊明,2017)。

因此,基于以上分析,本文提出假设 H3:感知产品创新性能够有效促进众筹项目融资绩效。

(四)感知产品创新的中介效应

基于知识扩散理论,关系嵌入的信任维度能够加强发起人与投资者之间的信任,从而使得信息更容易被发起人吸收,关系嵌入的信息传递维度能够通过非正式交流的知识溢出路径来为项目发起人提供更多的知识,帮助其改进产品并提高融资绩效,共同解决问题维度能够通过合作关系的知识转移路径也可以在实践中给发起人提供更多的知识和信息来源,帮助其迅速、准确地优化产品来提高绩效。因此,关系嵌入能够正向促进融资绩效。

类似地,关系嵌入的三个维度同样可以通过知识扩散理论影响投资者感知产品创新,因为产品创新知识吸收、产品创新知识溢出和产品创新知识转移都会扩大投资者对产品创新方面的知识边界。因此,关系嵌入能够积极影响融资绩效。

基于技术接受理论,当感知产品创新性越强的时候,投资者对产品的感知易用性和感知有用性越强,投资者的购买意愿则越强,那么就能提高众筹项目融资绩效。

因此,基于以上分析,本文认为感知产品创新性在关系嵌入和众筹融资绩效之间起中介作用。提出假设 H4:感知产品创新性在关系嵌入和众筹项目融资绩效之间起中介作用。

二、理论模型和假设汇总

基于以上分析，本文认为，关系嵌入能够正向影响众筹项目融资绩效和感知产品创新性，感知产品创新性可以有效促进融资绩效，并且感知产品创新性起中介作用，因此做出如下假设。

H1：关系嵌入能够正向促进众筹融资绩效。

H2：关系嵌入能够正向促进投资者感知产品创新性。

H3：感知产品创新性能够有效促进众筹项目融资绩效。

H4：感知产品创新性在关系嵌入和众筹项目融资绩效之间起中介作用。

因此，构建了如图 1.2 所示的理论模型。

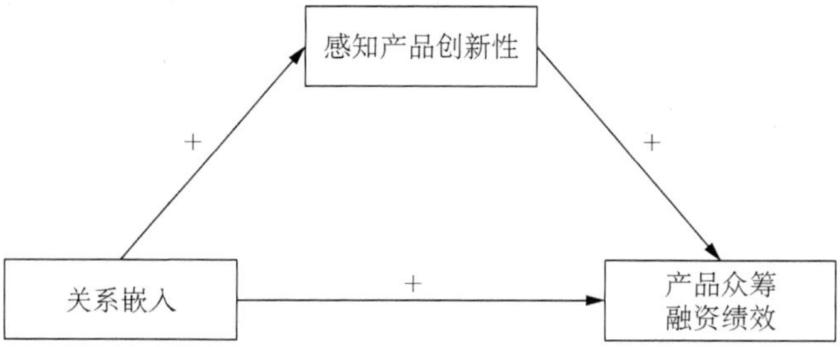

图 1.2　理论模型

第4节 研究设计

一、样本选择和数据来源

本章选取的是国内第一家众筹平台点名时间上的众筹项目,打开每一个项目页面观察数据是否齐全,找到数据齐全的项目共98个,采用八爪鱼软件采集所需数据,数据包括当前进度、创新评分、设计评分、实用评分、项目综合评分、公告数、公告下评论个数、评价数、评价内容、回复数、回复内容、目标金额、回报档级、支持数、第三方媒体数、图片数、视频数、发起人曾发起过的以及曾支持过的项目数。

二、变量设计

(一) 因变量

国内外众多学者提出了一个众筹的衡量指标叫作众筹融资绩效,是指项目结束时已筹集到的金额和目标筹集金额的比值(Lambert T, Schwienbacher A, 2010; Belleflamme P, Lambert T, Schwienbacher A, 2014;郑海超,齐子豪,伍晶,2015),这也是本研究选择的因变量。

在点名时间网站的项目详情页有个指标叫作"当前进度",也是用已筹金额除以目标金额,含义和众筹融资绩效相同,所以本节的因变量可直接用"当前进度"来衡量。

(二) 自变量

投资者和发起人之间的关系嵌入与众筹项目融资绩效有关。关系嵌入注重的是网络成员之间的互动过程。Nianxin Wang 的研究从众筹项目中投资者和发起人两个角度衡量了他们的互动行为,选取的变量有评论数量、评论情感倾向、评论字数、回复比例、回复长度和回复速度（Wang N, Li Q, Liang H, 2018）。在点名时间众筹平台上，发起人可发布公告，内容可能包含项目进展动态、产品各个特征的介绍等，投资者可以在公告下方进行评论，将自己的意见和建议反馈给发起人，在这个过程中进行了非正式交流；投资者通过发表评价表达自己对产品的建议和疑问，发起人则通过对这些评价进行回复来表达对投资者建议的反馈或解答投资者的疑问，也会与投资者针对某个知识进行深入讨论。而平台显示的支持数、图片数等都将影响投资者的信任程度。从投资者的角度来看，评价数量越多则绩效越高（杜学美，丁璟妤，谢志鸿，2016），评价字数越多则包含的有效信息越多（彭岚，周启海，邱江涛，2011），回复的数量和字数也同样影响绩效和有效信息。因此，根据本研究对关系嵌入维度的划分和点名时间网站的特点，选择了公告数（ANN）、公告下评价平均个数（ANC）、评价数（CN）、评价平均字数（LOC）、发起人回复比例（ROR）和回复平均字数（LOR）来衡量关系嵌入。

（三）中介变量

基于前文的理论分析，感知产品创新性作为关系嵌入和融资绩效之间的中介变量，是从投资者的角度对产品创新性的感知评价，结合学者们对感知产品创新性的各种维度划分和本研究的情况，考虑了产品新颖性、外观设计、功能性三个维度，正好与点名时间每个项目对创新、设计和实用性的评价一致，并且平台上综合这三个评分进行了项目总评分，因此，感知产品创新性可以用项目的创新综合评分（SOI）来衡量。

（四）控制变量

根据前文对众筹融资绩效的文献综述，可知除了本研究用到的解释变量外，还有诸如目标金额、支持数量、图片个数、视频个数、回报档级、第三方媒体、发起人曾发起过和曾支持过的项目数等因素会影响融资绩效，但学者们已经充分研究过这些变量，而且学者们认为支持数量、图片视频数量等都涉及投资者的信任。结合本研究获取到的数据进行分析，点名时间平台上项目介绍页面几乎都是图片，并无文字，且有的项目分成多张图片，而有的将多张图片合成一张图片，因此本研究认为，图片数在本研究中并无太大影响；据统计，98 组项目中介绍页面包含视频数的项目只有个位数，因此可以认为视频数对融资绩效也无明显影响；很多项目中回报档级的设置并无明显区分度，比如 30 个档级中有 10 个都是

“一元档”，对本研究也无意义；点名时间平台上每个项目的第三方媒体数都是3个(微博、微信和QQ空间)，对绩效也无影响；而由于点名时间平台出现较早，发起人的历史发起项目和支持项目经验都不足，因此本研究也不作考虑。最后，本节选取了目标金额(GC)和支持数(SUP)作为本研究的控制变量。变量信息汇总见表1.1。

表1.1 变量信息汇总

变量类型	研究对象	指标名称	指标符号
因变量	众筹融资绩效	当前进度	CP
自变量	关系嵌入	公告数 公告下评价平均个数 评价数 评价平均字数 回复比例 回复平均字数	ANN ANC CN LOC ROR LOR
中介变量	感知产品创新性	创新综合评分	SOI
控制变量		目标金额 支持数	GC SUP

三、分析方法

根据本文的理论分析和假设，构建以下4个模型。

$$Y=\alpha_1 X_{ANN}+\alpha_2 X_{ANC}+\alpha_3 X_{CN}+\alpha_4 X_{LOC}+\alpha_5 X_{ROR}+\alpha_6 X_{LOR}+\gamma_1+\varepsilon_1 \tag{1.1}$$

$$M=\beta_1 X_{ANN}+\beta_2 X_{ANC}+\beta_3 X_{CN}+\beta_4 X_{LOC}+\beta_5 X_{ROR}+\beta_6 X_{LOR}+\gamma_2+\varepsilon_2 \tag{1.2}$$

$$Y=\alpha_3 M+\gamma_3+\varepsilon_3 \tag{1.3}$$

$$Y=\lambda_1 X_{ANN}+\lambda_2 X_{ANC}+\lambda_3 X_{CN}+\lambda_4 X_{LOC}+\lambda_5 X_{ROR}+\lambda_6 X_{LOR}+\lambda_7 M+\gamma_4+\varepsilon_4 \tag{1.4}$$

式中 Y—— 因变量融资绩效；

X—— 自变量；

X_{ANN}—— 公告数；

X_{ANC}—— 公告下评价平均个数；

X_{CN}—— 评价数；

X_{LOC}—— 评价平均字数；

X_{ROR}—— 回复比例；

X_{LOR}—— 回复平均字数；

M—— 感知产品创新性；

α_i、β_i 和 λ_i—— 相应系数；

γ—— 该研究的控制变量，包括目标金额和支持数；

ε_i—— 常数项。

模型(1.1)用来检验关系嵌入对众筹绩效的影响；模型(1.2)用来检验关系嵌入对感知产品创新性的影响；模型(1.3)用来检验感知产品创新性对众筹绩效的影响；模型(1.4)用来检验感知产品创新性在关系嵌入和众筹绩效之间的中介作用。

本研究基于以上 4 个模型使用 SPSS24 对数据进行线性回归分析。

第5节 实证研究

一、描述性统计分析

本节选取了众筹平台点名时间上的98组项目的数据作为研究对象,所有变量的描述性统计分析结果如表1.2所示。

表1.2 变量的描述性统计

	N	最小值（MIN）	最大值（MAX）	平均值（AVG）	标准差（SD）	方差（VAR）
融资绩效(CP)	98	100%	12200%	1558%	2368.4%	560.921
公告数(ANN)/个	98	1	499	95.02	110.972	12 314.701
公告下评价平均个数(ANC)/个	98	0.5	40.00	8.4731	6.69857	44.871
评价数(CN)/个	98	1	95.00	12.54	19.541	381.895
评价平均字数(LOC)/个	98	10	194.36	42.9156	26.37713	695.753
回复比例(ROR)	98	0.000%	87.299%	27.856%	24.037%	577.816
回复平均字数(LOR)/个	98	0.000	333.00	163.5251	99.724	9 944.882
创新综合评分(SOI)/分	98	1.00	5.00	1.7041	1.13255	1.283
目标金额(GC)/元	98	1 000	100 000	18 704.08	20 897.989	436 725 962.5
支持数(SUP)/个	98	18	15 146	761.33	1 667.042	2 779 029.810

借助统计软件SPSS24对原始数据进行描述性统计分析,其中众筹项目融资绩效的差异很大,最小值为100%,而最大值高达12200%,可见研究众筹绩效的必要性。

二、相关性分析

在做回归分析之前,要先进行相关性分析,检验变量之间的相关程度。首先把离散度过高的两个变量(目标金额、支持数)做了取对数处理。检验所选用的是皮尔逊相关系数,变量有融资绩效(CP)、公告数(ANN)、公告下评价平均个数(ANC)、评价数(CN)、评价平均字数(LOC)、回复比例(ROR)、回复平均字数(LOR)、创新综合评分(SOI)、目标金额(ln_GC)和支持数(ln_SUP),变量两两之间计算相关系数。皮尔逊相关系数的计算方法如式(1.5)所示。

$$r=\frac{\sum_{i=1}^{n}(x_i-\bar{x})(y_i-\bar{y})}{\sqrt{\sum_{i=1}^{n}(x_i-\bar{x})^2\sum_{i=1}^{n}(y_i-\bar{y})^2}} \tag{1.5}$$

式中　r—— 变量 x 与 y 的相关系数值;

$\bar{x}$ 和 $\bar{y}$——x 和 y 的均值。

r 是正的则表明是正相关,r 是负的表明是负相关。$-1\leqslant r\leqslant 1$,r 的绝对值大小表示变量 x 和 y 的相关性大小。变量之间是否具有因果关系与相关性系数没有关系。一般认为,r 的绝对值高于 0.8 认为是强相关,0.6～0.8 范围内是相关程度为中度,0.4～0.6 范围内是弱相关,0.2～0.4 范围内相关性极弱,0.2 以下就可以认为变量之间不具有相关性(程晓鑫,2015)。

通过使用 SPSS24 得到相关性分析结果,如表 1.3 所示。

相关性结果显示,众筹融资绩效(CP)与公告数(ANN)、公告下评价平均个数(ANC)、评价数(CN)、评价平均字数(LOC)、回复比例(ROR)、回复平均字数(LOR)、创新综合评分(SOI)和支持数(ln_SUP)的相关系数分别为 0.738、0.943、0.640、0.428、0.545、0.313、0.908 和 0.313,均在 0.01 级别上(双尾)显著为正,表明这些变量和众筹项目融资绩效呈正相关,而众筹项目融资绩效(CP)与目标金额(ln_GC)的相关系数为−0.597,在 0.01 级别上(双尾)显著为负,说明目标金额在一定程度上负向作用于众筹项目融资绩效,与理论分析一致。

三、多元线性回归分析

目前已对本文的数据做了初步描述性统计分析与相关性分析,下面将对数据做多元线性回归分析。

表 1.3　相关性分析

Pearson 相关性	CP	ANN	ANC	CN	LOC	ROR	LOR	SOI	ln_GC	ln_SUP
CP	1									
ANN	0.738**	1								
ANC	0.943**	0.708**	1							
CN	0.640**	0.598**	0.609**	1						
LOC	0.428**	0.414**	0.443**	0.168**	1					
ROR	0.545**	0.612**	0.656**	0.477**	0.618**	1				
LOR	0.313**	0.284**	0.308**	0.150	0.468**	−0.606**	1			
SOI	0.908**	0.727**	0.891**	0.646**	0.440**	−0.573**	0.311**	1		
ln_GC	−0.597**	−0.501**	−0.650**	−0.380**	−0.540**	0.749**	−0.596**	−0.539**	1	
ln_SUP	0.313**	0.076	0.313**	0.093	0.161	−0.264**	0.232*	0.195	−0.352**	1

注：$N=98$；
**. 在 0.01 级别（双尾），相关性显著；
*. 在 0.05 级别（双尾），相关性显著。

（一）多重共线性检验

数据具有多重共线性是指在线性回归模型里面一个以上的解释变量呈线性相关。李子耐等学者认为，解释变量之间存在多重共线性的话，这个模型就无法正确预测结果（李子耐，潘文卿，2000）。因此，在做回归分析之前，要确保变量之间的关系是非线性的。现在一般使用方差膨胀因子（VIF）和容差（Tolerance）两个指标来判断数据是否具有多重共线性（马庆国，2002）。本文选用方差膨胀因子（VIF）来判断多重共线性问题。检验标准为VIF值大于100时，可认定变量间具有严重多重共线性；VIF值介于10～100之间，认为变量间具有较强的多重共线性；而在VIF值介于0～10之间，则可认定变量间的关系是非线性的，也就是数据不具有多重共线性（何晓群，刘文卿，2001）。

多重共线性检验结果如表1.4、表1.6、表1.8和表1.10所示。从表中数据可知，所有模型中的VIF值都介于0～10之间，因此可认定本研究的数据变量之间不具有多重共线性，可进行下一步回归分析。

表1.4　模型1、模型2多重共线性检验

模型	方差膨胀因子（VIF）	
	1	2
目标金额（ln_GC）	1.141	2.968
支持数（ln_SUP）	1.141	1.239
公告数（ANN）		2.495
公告下评价平均个数（ANC）		3.220
评价数（CN）		1.901
评价平均字数（LOC）		1.790
回复比例（ROR）		3.625
回复平均字数（LOR）		1.875

注：因变量：融资绩效（CP）。

（二）多元回归分析

本小节由四部分组成，根据假设和模型进行多元回归分析。第一部分检验关系嵌入对产品众筹项目融资绩效的影响，第二部分检验关系嵌入对感知产品创新性的影响，第三部分检验感知产品创新性和产品众筹融资绩效的关系，第四部分检验感知产品创新性在关系嵌入和产品众筹项目融资绩效的关系中是否具有中介作用。

关系嵌入对产品众筹项目融资绩效的影响的假设H1:关系嵌入能够正向促进众筹融资绩效。

通过SPSS24使用模型2验证假设,分析结果如表1.5所示。

表1.5 模型1、模型2回归分析结果

模型	未标准化系数		显著性水平(Sig)	
	1	2	1	2
(常量)	155.576	−34.621	0.000	0.013
目标金额(ln_GC)	−15.979	−0.531	0.000	0.680
支持数(ln_SUP)	2.016	1.078	0.182	0.033
公告数(ANN)		0.039		0.000
公告下评价平均个数(ANC)		3.016		0.000
评价数(CN)		0.158		0.000
评价平均字数(LOC)		0.081		0.011
回复比例(ROR)		0.345		0.000
回复平均字数(LOR)		0.029		0.001

注:因变量:融资绩效(CP),$R_1^2=0.368$,$R_2^2=0.940$。

由表1.5的回归分析结果如下。

公告数(ANN)的回归系数是正的0.039,显著性水平Sig=0.000,低于0.05;公告下评价平均个数(ANC)的回归系数是正的3.016,显著性水平Sig=0.000,低于0.05;评价数(CN)的回归系数是正的0.158,显著性水平Sig=0.000,低于0.05;评价平均字数(LOC)的回归系数是正的0.081,显著性水平Sig=0.011,低于0.05;回复比例(ROR)回归系数是正的0.345,显著性水平Sig=0.000,低于0.05;回复平均字数(LOR)的相关系数是正的0.029,显著性水平Sig=0.001,低于0.05。综上,假设H1成立,关系嵌入能够正向促进众筹融资绩效。

关系嵌入各维度对感知产品创新性的影响的假设H2:关系嵌入能够正向促进投资者感知产品创新性。

通过SPSS24使用模型4验证假设,分析结果如表1.7所示。

表 1.6　模型 3、模型 4 多重共线性检验

模型	方差膨胀因子(VIF)	
	3	4
目标金额(ln_GC)	1.141	2.968
支持数(ln_SUP)	1.141	1.239
公告数(ANN)		2.495
公告下评价平均个数(ANC)		3.220
评价数(CN)		1.901
评价平均字数(LOC)		1.790
回复比例(ROR)		3.625
回复平均字数(LOR)		1.875

注:因变量:创新综合评分(SOI)。

表 1.7　模型 3、模型 4 回归分析结果

模型	未标准化系数		显著性水平(Sig)	
	3	4	3	4
(常量)	8.679	−1.448	0.000	0.176
目标金额(ln_GC)	−0.739	0.139	0.000	0.164
支持数(ln_SUP)	0.005	−0.037	0.950	0.332
公告数(ANN)		0.001		0.031
公告下评价平均个数(ANC)		0.134		0.000
评价数(CN)		0.009		0.006
评价平均字数(LOC)		0.005		0.054
回复比例(ROR)		0.008		0.039
回复平均字数(LOR)		0.001		0.037

注:因变量:创新综合评分(SOI),$R_3^2=0.291$, $R_4^2=0.843$。

由表 1.7 的回归分析结果如下。

公告数(ANN)的回归系数为 0.001>0,并且显著性水平 Sig=0.031<0.05;公告下评价平均个数(ANC)的回归系数为 0.134>0,并且显著性水平 Sig=0.000<0.05;评价数(CN)的回归系数是正的 0.009,显著性水平 Sig=0.006,低于 0.05;评价平均字数(LOC)的回归系数是正的 0.005,显著性水平 Sig=0.054,高于 0.05;回复比例(ROR)回归系数是正的 0.008,显著性水平

Sig＝0.039，低于 0.05；回复平均字数（LOR）的相关系数是正的 0.001，显著性水平 Sig＝0.037，低于 0.05。综上，假设 H2 部分成立，关系嵌入程度的加深一定程度上会提高投资者感知产品创新性。

感知产品创新性与众筹项目融资绩效的关系的假设 H3：感知产品创新性能够有效促进众筹项目融资绩效。

通过 SPSS24 使用模型 5 验证假设，分析结果如表 1.9 所示。

表 1.8　模型 1、模型 5 多重共线性检验

模型	方差膨胀因子（VIF）	
	1	5
目标金额（ln_GC）	1.141	1.548
支持数（ln_SUP）	1.141	1.141
创新综合评分（SOI）		1.410

注：因变量：融资绩效（CP）。

表 1.9　模型 1、模型 5 回归分析结果

模型	未标准化系数		显著性水平（Sig）	
	1	5	1	5
（常量）	155.576	5.615	0.000	0.727
目标金额（ln_GC）	－15.979	－3.216	0.000	0.025
支持数（ln_SUP）	2.016	1.935	0.182	0.009
创新综合评分（SOI）		17.280		0.000

注：因变量：融资绩效（CP），$R_1^2=0.368$，$R_5^2=0.853$。

感知产品创新性。创新综合评分（SOI）的回归系数是正的 17.280，显著性水平 Sig＝0.000，低于 0.05，所以假设 H3 成立。

感知产品创新性在关系嵌入和众筹融资绩效的关系里有中介作用的假设 H4：感知产品创新性在关系嵌入和众筹项目融资绩效之间起中介作用。

通过 SPSS24 使用模型 6 验证假设，分析结果如表 1.11 所示。

在验证该假设之前，先介绍一下如何检验变量之间的中介作用。现有自变量 X 和因变量 Y，假如 X 通过影响变量 M 进而再影响 Y，那么把 M 称为中介变量。

$$Y=cX+e_1 \tag{1.6}$$

$$M = aX + e_2 \tag{1.7}$$

$$Y = c'X + bM + e_3 \tag{1.8}$$

如式(1.6)、式(1.7)和式(1.8)所示。c 为 X 对 Y 影响的总效应，a 和 b 是中介效应，c' 为直接效应。

检验中介变量步骤如下：第一步，c 不显著的情况下，可以终止检验，c 显著就继续进行。第二步，看 a 和 b，若均显著，那么检验 c'。若 c' 显著，说明中介效应是显著的；若 c' 不显著，说明是完全中介效应。第三步，若 a 和 b 任意一个或一个以上都不显著，那么就要进行 sobel 检验。检验结果若是显著的，那么中介效应显著；反之，说明中介效应不显著。

在本研究中，c，a 都显著，下面要检验 b，c' 显著与否。

表 1.10　模型 2、模型 6 多重共线性检验

模型	方差膨胀因子(VIF)	
	2	6
目标金额(ln_GC)	2.968	3.034
支持数(ln_SUP)	1.239	1.253
公告数(ANN)	2.495	2.629
公告下评价平均个数(ANC)	3.220	7.239
评价数(CN)	1.901	2.069
评价平均字数(LOC)	1.790	1.867
回复比例(ROR)	3.625	3.804
回复平均字数(LOR)	1.875	1.970
创新综合评分(SOI)		6.388

注：因变量：融资绩效(CP)。

表 1.11　模型 2、模型 6 回归分析结果

模型	未标准化系数		显著性水平(Sig)	
	2	6	2	6
(常量)	−34.621	−28.616	0.013	0.033
目标金额(ln_GC)	−0.531	−1.109	0.680	0.372
支持数(ln_SUP)	1.078	1.234	0.033	0.011
公告数(ANN)	0.039	0.033	0.000	0.000

续　表

模型	未标准化系数		显著性水平(Sig)	
	2	6	2	6
公告下评价平均个数(ANC)	3.016	2.459	0.000	0.000
评价数(CN)	0.158	0.119	0.000	0.007
评价平均字数(LOC)	0.081	0.061	0.011	0.046
回复比例(ROR)	0.345	0.312	0.000	0.000
回复平均字数(LOR)	0.029	0.023	0.001	0.006
创新综合评分(SOI)		4.146		0.002

注：因变量：融资绩效(CP)，$R_2^2=0.940$，$R_6^2=0.946$。

公告数(ANN)回归系数是正的0.033，显著性水平Sig=0.000，低于0.05；公告下评价平均个数(ANC)的回归系数是正的2.459，显著性水平Sig=0.000，低于0.05，评价数(CN)的回归系数是正的0.119，显著性水平Sig=0.007，低于0.05；评价平均字数(LOC)的回归系数是正的0.061，显著性水平Sig=0.046，低于0.05；回复比例(ROR)回归系数是正的0.312，并且显著性水平Sig=0.000，低于0.05；回复平均字数(LOR)的相关系数是正的0.023，显著性水平Sig=0.006，低于0.05。综上，c'显著。创新综合评分(SOI)的回归系数是正的4.146，显著性水平Sig=0.002，低于0.05，因此，b也显著。所以，假设H4成立，即感知产品创新性在关系嵌入和众筹项目融资绩效之间起中介作用。

四、实证分析结果

本章使用SPSS24对98组项目的数据进行了多种分析，包括描述性统计分析、相关性分析、多重共线性分析和多元线性回归分析，从而对本节的所有假设做了验证。结果如表1.12所示，从检验结果可以看出本节的大多数假设成立。

表1.12　假设检验结果汇总

假设	假设内容	检验结果
H1	关系嵌入能够正向促进众筹融资绩效	成立
H2	关系嵌入能够正向促进感知产品创新性	部分成立
H3	感知产品创新性能够有效促进众筹项目融资绩效	成立
H4	感知产品创新性在关系嵌入和众筹项目融资绩效之间起中介作用	成立

第6节　分析讨论与展望

一、结论讨论

本章以点名时间网站上共98组项目的数据为样本，实证研究了关系嵌入与众筹项目融资绩效的关系，以及感知产品创新性在其中的中介作用。本章的假设成立情况汇总见表1.12。

对于众筹项目融资绩效来说，公告数和公告下评论个数越多，说明发起人和投资者之间的非正式交流越强，溢出的知识越多，内容中包含的与产品相关的知识和投资者的反馈越多时，发起人能够更好地了解投资者的想法并且有针对性地优化产品，最终会提高融资绩效；评价数、评价平均字数、回复比例和回复平均字数越多，说明发起人和投资者之间的合作关系越强，转移的知识越多，对话中包含的投资者对众筹产品的需求和疑问都将展现给发起人，那么发起人就可以根据投资者的需求来改善产品，加速生产进程并且降低开发成本，最终也会提高融资绩效。因此，关系嵌入的程度越深，项目绩效会随之提高。

对于感知产品创新性来说，公告数和公告下评论个数越多，说明发起人和投资者之间的非正式交流越强，溢出的知识越多，公告内容中发起人会介绍产品的功能、外观和创新点以及项目进度等，投资者会在公告下进行评论，展现自己对产品创新的看法，这些内容都会溢出给潜在投资者，增强其他投资者对产品创新性的感知；评价数、回复比例和回复平均字数越多，说明发起人和投资者之间的合作关系越强，转移的知识越多，投资者会在项目评价区表达自己对产品创新性的看法并提出对项目产品的疑问，个数越多则表达的信息越多，发起人会针对评价进行回复，回复的比例越高、字数越多则表达的信息越多，共同解决问题的程度越深，这些信息也会转移给潜在投资者，增强其他投资者对产品创新性的感知。而本研究结果中评价平均字数对感知产品创新性的影响并不显著，是因为当评价字数超过一定长度后，将导致读者的认知负荷增加，且过多的字数会降低消费者的阅读欲望和兴趣，所以这时候评价长度对投资者感知产品创新性的影响就不再显著；而不同于投资者们，发起人一方对于有限的项目评价会更加重视，评价字数越长发起人更应该着重阅读，以期能发现投资者们的更多建议，所以评价平均字数对众筹融资绩效的直接影响是显著的。

投资者感知产品创新性的程度越深，众筹项目融资绩效越高，因为创新性的感知可以激发投资者对项目的积极情感反应，进而提高其出资意愿，最终能够提高融资绩效。

在关系嵌入和众筹项目融资绩效的关系机制中，感知产品创新性具有中介效应。因为关系嵌入程度越深，投资者和发起人之间传递的关于产品创新性的知识吸收、知识溢出和知识转移越多，那么投资者对于产品创新性的感知越强，积极情感反应越强，进而提升出资意愿并提高融资绩效。

二、实践建议

对小微企业这样的发起人来说，提高融资绩效是为了筹集更多的资金。随着关系嵌入程度的加深，发起人和投资者之间的信息传递更加密切，双方共同解决问题的能力也能明显提高，那么对项目绩效的提升更有益处。因此，发起人应该着重注意加深与投资者之间的互动，多方面加强与投资者的关系嵌入。此外，投资者的感知产品创新性也能有效提高项目绩效，发起人也可以多展现项目产品的创新特性。根据本研究结果可知，众筹项目融资绩效可以有效提高的方法包括以下三点：第一，尽量多发公告来汇报项目进度和产品相关的信息，多把产品的功能、外观和创新点等信息展现出来；第二，对于投资者的评价，尤其是关于产品相关的提问或者描述，应该多多回复，在回复中多解答投资者的问题并且多展示产品的信息；第三，要多做些能提升投资者信任程度的行为，如前人研究过的图片、视频数量等。

对于投资者来说，如果自己对项目抱有兴趣并希望它成功，那么可以多在发起人发出来的公告下评论，评论内容多包含对产品的建议与意见；除了公告外，也可以多在评价区发表自己对产品各方面的看法、建议和疑问等，尽可能多地写些内容，这些信息既能给发起人改善产品带来方向，也能使其他投资者更了解产品的创新之处，进而吸引更多的人来帮助项目完善。

对于众筹平台来说，首先，要在项目审核阶段对项目信息进行严格审核，使真正需要资金扶持的创意众筹项目上线，不浪费有限的社会资源；其次，设计的用户界面要便于学习和使用，平台还可以跟发起人分享自己丰富的项目运营经验，提高发起人和投资者之间的互动效率，还可以设计互动社区等来给投资者和发起人提供加深关系嵌入程度的平台。

三、不足与展望

本章以点名时间网站上共98组项目的数据为样本，实证研究了关系嵌入和众筹融资绩效的关系，以及感知产品创新性在其中的中介作用。通过一系列技术分析得出了有意义的结论。不过，本研究也有一些不足的地方需要进一步完善。

本研究用到的数据只来自点名时间平台上产品众筹类型的项目，基于产品众筹创新的特点，本研究结论在股权类、债券类等类型众筹中不一定适用。此外，每个众筹平台的规则设计和页面设计都有差异，能搜集到的信息也有不同，比如点名时间上有投资者对项目产品进行评分的功能，甚至包括对创新性、实用性、设计性的评分，而其他众筹平台上并没有此类设置，利用其他平台的数据来衡量感知产品创新性的话，可能要采用文本分析的方式；而且本研究只选择了中国的众筹平台数据，具有地域的限制性，没有考虑不同国家文化和法律的差异，所以本研究难免存在着局限性，后续可以尝试用国内其他平台或国外平台上的数据，采用文本分析等其他方法对本研究进行验证和补充。

本章所研究的变量可能存在不够全面的问题，比如在衡量关系嵌入的时候，只考虑了公告个数和公告下评价个数，没有包含公告字数和公告下评价的字数等，后续研究可以往这个方向深入。此外，本章提到的公告内容和评价内容等包括但不限于产品创新点、功能性和外观的信息，后续可以寻找更准确的描述产品创新性的变量来研究关系嵌入对感知产品创新性的影响。

由于本研究所选的项目数据并非是直接抓取下来的，而是需要一个个手动处理，如计算回复比例、评价字数等，工作量较大。此外，点名时间平台上数据齐全的项目个数有限，因此本章的样本量不是足够多。后续用其他平台的数据和其他方法获得更多的数据样本，得出的结论应该更具有说服力。

参考文献

鲍娟.基于消费者感知的服务创新影响研究——中端酒店的实证[J].四川旅游学院学报，2018(4)：34-39.

蔡莹莹，岳中刚.众筹融资成功的影响因素研究——以“点名时间”为例[J].南京邮电大学学报(社会科学版)，2016，18(2)：53-62.

常西银，孙遇春.协同创新能力与知识扩散的交互影响分析及对策研究——基于企业网络关系嵌入的视角[J].上海经济研究，2018(5).

常亚平，朱东红，李荣华.感知产品创新对冲动购买的作用机制研究[J].科研管理，2012，33(03)：18-26+35.

陈波，彭一扬，罗荷花.众筹融资绩效影响因素研究——基于京东众筹的实证分析[J].浙江金融，2018(3).

陈璞，魏本权.基于嵌入性理论的创新驱动机制研究——以江苏省科技镇长团制度为例[J].国家行政学院学报，2018(5)：82，86，189-190.

陈姝，刘伟，王正斌.感知产品创新对新产品购买意愿的影响机制——一项纵贯研究[J].大连理工大学学报：社会科学版，2016，37(3)：77-83.

陈姝，刘伟，王正斌.消费者感知创新性研究述评与展望[J].外国经济与管理，2014，36(10)：3-12.

陈姝，王正斌，刘伟，等.感知产品创新性对品牌资产的影响机制研究[J].预测，2015，34(03)：21-27.

陈玉婕，倪宁曦，苟小菊.创新创业环境下众筹项目成功与否的影响因素研究[J].上海经济研究，2015，11：12-19.

程晓鑫.高管团队异质性对中国企业国际化程度的影响：结构依存度的调节作用[D].杭州：浙江大学，2015.

邓金卫.众筹成功的影响因素——基于京东众筹平台的实证研究[J].国际商务财会，2016(4)：91-96.

杜学美，丁璟妤，谢志鸿，等.在线评论对消费者购买意愿的影响研究[J].管理评论，2016(3)：175-185.

何晓群，刘文卿.应用回归分析[M].北京：中国人民大学出版社，2001.

侯仕军.社会嵌入概念与结构的整合性解析[J].江苏社会科学,2011(2):86-94.
胡振华,刘宇敏.非正式交流——创新扩散的重要渠道[J].科技进步与对策,2002,19(8):72-73.
黄健青,刘雪霏,郑建明.众筹项目成功的关键因素——基于KIA与AON融资模式的实证研究[J].财贸经济,2015(9):74-84.
黄玲,周勤.创意众筹的异质性融资激励与自我反馈机制设计研究——以“点名时间”为例[J].中国工业经济,2014(7):135-147.
黄玮强,庄新田,姚爽.基于创新合作网络的产业集群知识扩散研究[J].管理科学,2012,25(2):13-23.
黄音.物流服务企业客户服务创新感知[J].企业经济,2017,36(05):142-148.
井淼,周颖.基于TAM模型和感知风险的消费者网上购买行为研究[J].上海管理科学,2005,27(5):5-7.
赖俊明.感知产品创新的作用研究——消费者采纳视角[J].技术经济与管理研究,2017(11):52-56.
雷怀英,王童,申成霖.协同创新领域知识扩散路径研究[J].经济问题,2017(9):19,25,46.
李奉书,黄婧涵.联盟创新网络嵌入性与企业技术创新绩效研究[J].中国软科学,2018(6).
李纲.合作创新组织间关系嵌入与知识共享的关系研究[J].科技进步与对策,2010,27(1):130-133.
李俊亭,闻雯,马加传.关系嵌入视角下创新项目关键成功因素研究[J].西安石油大学学报(社会科学版),2018,27(5):70-75.
李文娟,严丹荔,郭迎雪,等.中美网络众筹融资模式比较研究——以Kickstarter和点名时间网站为例[J].国际商务财会,2014(8):56-61.
李志宏,朱桃.基于加权小世界网络模型的实践社区知识扩散研究[J].软科学,2010,24(2):51-55.
李子耐,潘文卿.计量经济学[M].北京:高等教育出版社,2000.
刘兰建,党兴华,蒋军锋.基于现代场理论的技术创新网络知识测度特征研究[J].中国软科学,2007(3):22-29.
刘闲月,林峰,孙锐.网络位势对集群企业知识扩散与创新的影响研究[J].中国科技论坛,2012(6):90-95.
刘璇,李嘉,陈智高,等.科研创新网络中知识扩散演化机制研究[J].科研管理,2015,36(7):19-27.
马庆国.管理统计——数据获取、统计原理、SPSS工具及应用研究[M].北京:科学出版社,2002.
缪根红,薛利,陈万明等.知识扩散路径与员工创新绩效关系的实证研究——考虑知识吸收能力与主动遗忘能力的调节作用[J].研究与发展管理,2014,26(3):12-21.

牟宇鹏,吉峰,汪涛,等.顾客参与创新:第三方消费者对产品创新性的感知[J].商业经济与管理,2015(8):56-65.

穆瑞章,耿天成.文化距离、社会网络中心性与互联网创业融资——来自众筹数据的实证研究[J].北京工商大学学报(社会科学版),2017(3).

穆瑞章,刘玉斌,王泽宇.女性社会网络关系与创业融资劣势——基于PSM方法和众筹数据的经验研究[J].科技进步与对策,2017,34(8):80-85.

彭岚,周启海,邱江涛.消费者在线评论有用性影响因素模型研究[J].计算机科学,2011,38(8):205-207.

吴庆田,匡娅.众筹融资项目回报档数对项目融资成功率的影响[J].商业研究,2016(4):90-96.

谢洪明,赵华锋,张霞蓉.网络关系嵌入与管理创新绩效之间的关系——基于知识流入的视角[J].技术经济,2012,31(5):18-23.

薛哲,奚楠楠,张中英.共创信号与感知产品创新:基于企业支持的研究[J].财经论丛,2018(3):77-85.

薛哲,杨建辉,张中英.共创信号、产品创新感知与品牌认同——基于共创观察者的研究[J].财经论丛,2018.

闫俊,葛宝山,董保宝.高科技新创企业关系嵌入与结构嵌入的交互对绩效的影响——双元创新的中介效用研究[J].南方经济,2018(10):27-48.

杨菊萍,贾生华.知识扩散路径、吸收能力与区域中小企业创新——基于浙江省3个传统制造业集群的实证分析[J].科研管理,2009,30(5):17-24.

杨娜.基于场论的消费者购买决策中信息扩散研究[D].北京:北京邮电大学,2012.

杨志远.感知产品创新新颖性对购买意愿的影响——在线人际互动的调节效应[J].现代商业,2018(18).

姚山季,王永贵.顾客参与新产品开发及其绩效影响:关系嵌入的中介机制[J].管理工程学报,2012,26(4):39-48.

姚艳虹,葛哲宇,周惠平.创新网络中知识耦合、组织记忆与企业创新绩效[J].软科学,2018,32(8):38-42.

殷国鹏,刘雯雯,祝珊.网络社区在线评论有用性影响模型研究——基于信息采纳与社会网络视角[J].图书情报工作,2012,56(16):140-147.

张方华.网络嵌入影响企业创新绩效的概念模型与实证分析[J].中国工业经济,2010(4):110-119.

张恒俊,杨皎平.关系嵌入性对企业创新绩效的影响研究——以知识溢出、知识吸收能力为中介变量[J].合肥工业大学学报(社会科学版),2014(1):44-50.

张欣瑞,张荣艳.感知产品创新程度对新产品采用意愿的影响——产品类别的调节作用[J].中国市场,2018(13):21-22,26.

赵颖,邵飞飞.哪些因素决定在线众筹的成功?——基于京东众筹的实证研究[J].金融理论与实践,2017(3):89-95.

郑海超,齐子豪,伍晶,等.产品众筹项目融资绩效的影响因素研究:ELM理论视角[J].电子科技大学学报(社科版),2015,17(1):45-50.

周逸翰,史琰鹏.众筹项目成功度影响因素研究——基于项目发起人的质量信号视角[J].新经济,2016,9:7-10.

AGRAWAL A K, CATALINI C, GOLDFARB A. The geography of crowdfunding[R]. National Bureau of Economic Research, 2011.

AHLERS G K C, CUMMING D J, GUENTHER C, et al. Signaling in Equity Crowdfunding [EB/OL].[2012-10-14]. http://ssrn.com/abstract=2161587.

ALPERT F H, KAMINS M A. An empirical investigation of consumer memory, attitude, and perceptions toward pioneer and follower brands: Frank H, Alperr and Michael A. Kaimins[J]. Journal of Marketing, 1995, 59(4):34-45.

ANDREWS J, SMITH D C. In search of the marketing imagination: factors affecting the creativity of marketing programs for mature products. [J]. Journal of Marketing Research, 1996, 33(2):174.

ARON O'CASS, JAMIE CARLSON. An e-retailing assessment of perceived website-service innovativeness: Implications for website quality evaluations, trust, loyalty and word of mouth[J]. Australasian Marketing Journal(AMJ),2011,20(1):28-36.

BATJARGAL B, LIU M. Entrepreneurs' access to private equity in China: the role of social capital[J]. Organization Science, 2004, 15(2):159-172.

BELLEFLAMME P, LAMBERT T, SCHWIENBACHER A. Crowdfunding: tapping the right crowd[J]. Journal of Business Venturing, 2014, 29(5):585-609.

BOARI C, LIPPARINI A. Networks within industrial districts: organising knowledge creation and transfer by means of moderate hierarchies[J]. Journal of Management & Governance, 1999,3(4):339-360.

BURT R. S. Structural holes: the social structure of competition[M]. Cambridge, MA: Harvard University Press, 1995.

BURTCH G, GHOSE A, WATTAL S. An empirical examination of the antecedents and consequences of contribution patterns in crowd-funded markets. [J]. Social Science Electronic Publishing, 2011, 24(3):499-519.

CHEN, GILLENSON MARKET L, SHERRELL DANIEL. Enticing online consumer: an extended technology acceptance perspective[J]. Information & Management, 2002, 39 (8) :705-719.

CLEMENS, BECHTER, STEFAN, et al. From wisdom of the crowd to crowdfunding[J]. Journal of Communication & Computer, 2011(11):951-957.

COLOMBO M G, FRANZONI C, ROSSI-LAMASTRA C. Internal social capital and the attraction of early contributions in crowdfunding [J]. Entrepreneurship Theory& Practice, 2015, 39(1): 75-100.

COWAN R, JONARD N. Network structure and the diffusion of knowledge[J]. Journal of Economic Dynamics and Control, 2004, 28(8):1557-1575.

DAHL M S, PEDERSEN C Ø R. Knowledge flows through informal contacts in industrial clusters: myth or reality? [J]. Research Policy, 2004, 33(10):1673-1686.

DAVIES W E, GIOVANNETTI E. Signalling experience & reciprocity to temper asymmetric information in crowdfunding evidence from 10 000 projects[J]. Technological Forecasting and Social Change, 2018:S0040162516303900.

DAVIS B C, HMIELESKI K M, WEBB J W, et al. Funders' positive affective reactions to entrepreneurs' crowdfunding pitches: the influence of perceived product creativity and entrepreneurial passion[J]. Journal of Business Venturing, 2017, 32(1):90-106.

DAVIS F D, BAGOZZI R P, WARSHAW P R. User acceptance of computer technology: a comparison of two theoretical models[J]. Management Science, 1989, 35(8):982-1003.

DE BUYSERE K, GAJDA O, KLEVERLAAN R. A framework for European crowdfunding [J/OL]. [2012 - 10 - 29]. www. europecrowdfunding. org/european _ crowdfunding_ framework.

DOKKO G. What you know or who you know? Human capital and social capital as determinants of individual performance[D]. Commonwealth of Pennsylvania, University of Pennsylvania, 2004.

FEIEREISEN S, WONG V, BRODERICK A J. Analogies and mental simulations in learning for really new products: the role of visual attention[J]. Journal of Product Innovation Management, 2010, 25(6):593-607.

FRYDRYCH D, BOCK A J, KINDER T, et al. Exploring entrepreneurial legitimacy in reward-based crowdfunding[J]. Venture Capital, 2014, 16(3):247-269.

FRÉDÉRIC DEROÏAN. Formation of social networks and diffusion of innovations [J]. Research Policy, 2009, 31(5):835-846.

GILL T. Convergent products: what functionalities add more value to the base? [J]. Journal of Marketing, 2008, 72(2):46-62.

GIUDICI G, GUERINI M, ROSSI-LAMASTRA C. Why crowdfunding projects can succeed: the role of proponents' individual and territorial social capital[J/OL].[2013-04-24]. http://ssrn.com/abstract=2255944.

GRANOVETTER M. Problems of explanation in economic sociology[J]. Networks & Organizations Structure Form & Action Boson, 1992:25-56.

GRANOVETTER MARK,梁玉兰.作为社会结构的经济制度:分析框架[J].广西社会科学, 2001(3):91-95.

GRANOVETTER, MARK. Economic action and social structure: the problem of embeddedness[J]. American Journal of Sociology, 1985, 91(3):481-510.

GRIFFIN Z. Crowdfunding: fleecing the American masses[J/OL].[2012-3-14].https://ssrn.com/abstract=2030001.

GULATI R. Network location and learning: the influence of network resources and firm capabilities on alliance formation[J]. Strategic Management Journal, 1999, 20(5): 397-420.

HUCKMAN R S, STAATS B R. Fluid tasks and fluid teams: the impact of diversity in experience and team familiarity on team performance[J]. Manufacturing & Service Operations Management, 2011, 13(13):310-328.

JOENSSEN D W, MICHAELIS A, MÜLLERLEILE T. A link to new product preannouncement: success factors in crowdfunding[J]. Social Science Electronic Publishing, 2014:1-22.

JOHANNISSON B, RAMIREZ-PASILLAS M, KARLSSON G. The institutional embeddedness of local inter-firm networks: a leverage for business creation[J]. Entrepreneurship & Regional Development, 2002, 14(4):297-315.

JULIE HUI, ELIZABETH GERBER, MIKE GREENBERG. The demands of crowdfunding work[R].Northwestern Univer-sity, Segal Design Institute, 2012.

JUNG GRANT S, CAMPBELL M C, JHANG J H. Get it? Got it! Good! Enhancing new product acceptance by facilitating resolution of extreme incongruity[J]. Social Science Electronic Publishing, 2012, 49(2):247-259.

KIM T, PARK Y. Structural effects of R&D collaboration network on knowledge diffusion performance[J]. Expert Systems with Applications, 2009, 36(5):8986-8992.

KIM T, POR M H, YANG S B. Winning the crowd in online fundraising platforms: the roles of founder and project Features[J]. Electronic Commerce Research & Applications, 2017, 25:85-94.

KUNZ W, SCHMITT B, MEYER A. How does perceived firm innovativeness affect the consumer? [J]. Journal of Business Research, 2011, 64(8):816-822.

LAMBERT T, SCHWIENBACHER A. An empirical analysis of crowdfunding [J/OL]. [2010 - 03 - 24]. http://www. crowdfunding. org/document/an-empirical-analysis-of-crowdfunding/2458.

LARSON A. Network dyads in entrepreneurial settings: a study of the governance of exchange relationships[J]. Administrative Science Quarterly, 1992, 37(1):76-104.

LEE Y, O'CONNOR G C. The impact of communication strategy on launching new products: the moderating role of product innovativeness [J]. Journal of Product Innovation Management, 2003, 20(1):4-21.

LEPAK D P, SNELL S C. The Human resource architecture: toward a theory of human capital allocation and development[J]. Academy of Management Review, 1999,(24): 313-349.

LEVINTHAL C D A. Special issue: technology, organizations, and innovation absorptive capacity: a new perspective on learning and innovation [J]. Administrative Science Quarterly, 1990, 35(1):128-152.

LIEN C H, WU J J, CHIEN S H, et al. Anxious attachment, relational embeddedness, trust, co-production, and performance: An empirical study in online business-to-business relationships[J]. Telematics and Informatics, 2017:S0736585317303714.

LIN M, LI N. Scale-free network provides an optimal pattern for knowledge transfer[J]. Physica A Statistical Mechanics & Its Applications, 2012, 389(3):473-480.

MEYERS-LEVY J, TYBOUT A M. Schema congruity as a basis for product evaluation[J]. Journal of Consumer Research, 1989, 16(1):39-54.

MICHAEL S. Job market signaling[J]. Quarterly Journal of Economics, 1974, 87: 355.

MOLLICK E. The dynamics of crowdfunding: an exploratory study[J]. Journal of Business Venturing, 2014, 29(1):1-16.

MORAN P. Structural vs. relational embeddedness: social capital and managerial performance [J]. Strategic Management Journal, 2005, 26(12):1129-1151.

NAHAPIET J, GHOSHAL S. Social capital, intellectual capital, and the organization[J]. Academy of Management Review, 1998, 23(2):242-266.

NAHAPIET S, GHOSHAL S. Social capital, intellectual capital and the organizational advantage[J].Academy of Management Review, 1998, 23(2): 242-266.

NAKAMOTO C K. Consumer preference formation and pioneering advantage[J]. Journal of Marketing Research, 1989, 26(3):285-298.

NIEDRICH R W, SWAIN S D. The effects of exposure-order and market entry-information on brand preference: a dual process model[J]. Journal of the Academy of Marketing Science, 2008, 36(3):309-321.

OLIVEIRA P, HIPPEL E V. Users as service innovators: the case of banking services[J]. Research Policy, 2011, 40(6):806-818.

ORDANINI A, MICELI L, PIZZETTI M, et al. Crowd-funding: transforming customers into investors through innovative service platforms[J]. Journal of Service Management, 2011, 22(4):443-470.

OWENSMITH J, POWELL W W. Knowledge networks as channels and conduits: the effects of spillovers in the Boston biotechnology community[J]. Organization Science, 2004, 15(1):5-21.

PATEL P C, TERJESEN S. Complementary effects of network range and tie strength in enhancing transnational venture performance[J]. Strategic Entrepreneurship Journal, 2011, 5(1):58-80.

QUERCIA D, CROWCROFT J. Recommending investors for crowdfunding projects[J]. Eprint Arxiv, 2014:261-270.

RADFORD S K, BLOCH P H. Linking innovation to design: consumer responses to visual product newness[J]. Journal of Product Innovation Management, 2011, 28(s1): 208-220.

ROGERS E M. Diffusion of innovations[M]. Diffusion of Innovations, 5th Edition. 2003: 241-264.

ROMA P, PETRUZZELLI A M, PERRONE G. From the crowd to the market: The role of reward-based crowdfunding performance in attracting professional investors[J]. Research Policy, 2017, 46(9):1606-1628.

SETHI R, SMITH D C, PARK C W. Cross-functional product development teams, creativity, and the innovativeness of new consumer products[J]. Journal of Marketing Research, 2001, 38(1):73-85.

SIMONIN B L. Ambiguity and the process of knowledge transfer in strategic alliances[J]. Strategic Management Journal, 1999, 20(7):595-623.

STAM W, ARZLANIAN S, ELFRING T. Social capital of entrepreneurs and small firm performance: A meta-analysis of contextual and methodological moderators[J]. Journal of Business Venturing, 2014, 29(1):152-173.

STAM W, ELFRING T. Entrepreneurial orientation and new venture performance: the moderating role of intra-and extraindustry social capital[J]. Academy of Management Journal, 2008, 51(1):97-111.

THÜRRIDL C, KAMLEITNER B. What goes around comes around? Rewards as strategic assets in crowdfunding[J]. California Management Review. 2016;58(2):88-110. doi:10.1525/cmr.2016.58.2.88.

UZZI B. Social structure and competition in interfirm networks: the paradox of embeddedness [J]. Administrative Science Quarterly, 1997, 42(1):35-67.

UZZI B. The Sources and consequences of embeddedness for the economic performance of organizations: the network effect[J]. American Sociological Review, 1996, 61(4):674-698.

VOGT D. Innovation perception from a customer perspective recognition, assessment, and comprehension of innovations[D]. University of St.Gallen, 2013.

WANG N, LI Q, LIANG H, et al. Understanding the importance of interaction between creators and backers in crowdfunding success[J]. Electronic Commerce Research and Applications, 2018, 27(1):106-117.

ZANDER U, KOGUT B. Knowledge and the speed of the transfer and imitation of organizational capabilities: an empirical-test[J]. Organization Science, 1995, 6(1):76-92.

ZHENG H, LI D, WU J, et al. The role of multidimensional social capital in crowdfunding: a comparative study in China and US[J]. Information & Management, 2014, 51: 488-496.

ZOLFAGHARIAN M A, PASWAN A. Perceived service innovativeness, consumer trait innovativeness and patronage intention[J]. Journal of Retailing & Consumer Services, 2009, 16(2):155-162.

第 2 章

众筹融资进度对投资者参与行为影响

第 1 节　引　　言

本节在研究背景和国内外研究现状的基础上，提出研究问题。然后分别对研究内容、研究方法以及技术路线进行了简要概括。

一、研究背景与研究意义

（一）研究背景

随着全球互联网金融的发展，涌现了一种新兴的融资模式——众筹，指项目发起人借助互联网平台面向社会大众筹集资金。世界第一个众筹平台 Kickstarter 于 2009 年在美国成立，为缺乏资金支持的创新性项目提供融资机会，众筹平台上的投资者主要是普通大众。

2014 年 9 月，在“大众创业、万众创新”口号的号召下，各级地方政府积极出台各种政策鼓励当地群众创新创业，中小微初创企业如雨后春笋般在全国各地相继涌现，但是这些企业都面临“融资困难”的问题。众筹作为一种新型的融资模式，对项目发起人的要求较低且对项目类型也没有严格限制，为创业者解决资金问题带来了希望。国内第一个众筹平台“点名时间”于 2011 年正式上线，随后京东众筹、淘宝众筹、苏宁众筹、青橘众筹、天使汇、人人投等众筹平台相继涌现。

2015 年是国内众筹加速发展的一年。2015 年众筹项目融资额首次突破百亿元大关，较 2014 年同比增长 429.4%，新增项目约 5 万个，参与人次高达 7 200万。2016 年成功筹资额相比 2015 年翻倍，高达 224 亿元，其中排名前 30 位的众筹平台成功筹资额均超 4 800 万元。随着监管趋严、法律规范日益健全，2017 年国家对众筹行业进行了大幅度整改。据相关统计，截至 2017 年年底，众筹平台数量锐减，仅存 209 家，相比 2016 年跌幅高达 50%，非良性发展的众筹平台逐步退出市场，行业发展进入规范期。尽管 2017 年众筹平台的数量大幅减少，但是国内大众参与众筹的积极性丝毫没有受到影响。2017 年成功融资额与 2016 年相差仅 4 亿元。由此可见，大众参与众筹投资的热情依然高涨。

但是，众筹参与行为不同于其他投资方式，其借助网络平台进行线上交易本身就带有一定的风险特性。同时，与其他投资方式相比，众筹项目本身具有的风险难以估计，这就导致获得回报的不确定性较高。尽管如此，上述数据显示大众参与众筹的热情依然高涨。那么，众筹参与行为背后的诱导因素有哪些？众筹参与行为的机理是怎样的？众筹参与行为背后的理论又有哪些？这些问题都值得学者深入探讨。本章选取在国内发展最为成熟的产品众筹作为数据来源，该众筹类型项目数最多，平台数量最多，参与人次最多，数据获取较为方便。

（二）研究意义

现有文献主要对众筹项目的融资绩效影响因素和众筹项目投资者参与行为动机等方面进行了研究。在融资绩效影响因素方面，已有研究基于不同理论（信号理论、羊群理论、同群理论、责任扩散效应理论等）识别了众多影响因素，主要从投资者、发起人、众筹平台和社会宏观环境四个方面出发对不同的影响因素进行归类，认为投资者动机、发起人自身特征、平台质量、社会文化等都会对融资绩效产生影响。在投资者行为方面，现有研究集中关注已经参与项目投资的人群对未参与投资人群的影响，而且发现了羊群理论下的从众行为与责任扩散效应理论下的旁观行为两种截然不同的研究结果，有待进一步深入研究现有投资者对潜在投资者参与行为的影响。本文的研究将有别于以上内容。

首先，本章基于目标梯度效应理论研究项目当前融资进度与众筹参与行为之间的影响机理。根据目标梯度效应理论，动机是行为产生的内因，人的动机会随着接近目标的程度增强而加强，在接近目标时人们更倾向于采取实际行动促进目标的完成。目前，目标梯度效应理论已被广泛应用于消费者行为、组织管理活动、慈善行为等多领域。当前融资额越接近目标额时，会促进潜在投资者的众筹参与行为，即目标梯度效应理论同样适用于众筹领域。

其次，本章基于马太效应理论探讨高融资绩效表现是否也会影响投资者的众筹参与行为。马太效应（Matthew Effect）强调“强者愈强，弱者愈弱”，对于领先者来说是一种优势累积。该理论自提出后被运用到科学、教育、经济等多个领域。根据“强者愈强，弱者愈弱”的马太效应理论，那些融资额已经超过目标额的项目会凭借自身已有的融资优势进一步获得更多的资金支持。因此，超额绩效表现会影响投资者的参与行为。

最后，本章基于信号理论探讨投资者安全感知和风险感知在融资进度和投资者参与行为之间所起的调节作用。根据信号理论，处于信息优劣势的各方可以分别依据信号发送理论和信号甄别理论促使对方做出有利于自己的行为选择。在众筹领域中，项目发起人相比投资者更加了解项目质量，更加清楚自身项目是否值得投资，而作为投资者的社会大众往往对此一无所知。因此，针对众筹过程信息不对称的情况，信号理论同样适用于众筹领域。本研究的理论意义和实践意义主要有以下五个方面。

第一，弥补国内研究空白。现有研究从多角度出发对项目融资绩效影响因素进行深入探讨并取得了初步成果，但是若想全面了解众筹的运作机理，仅以项目融资绩效为中心进行研究是不充分的。最近的学术研究开始关注项目当前的融资绩效对大众投资决策的影响，如国外学者发现项目当前融资进度与后续收到的资金支持之间呈倒 U 形关系。本研究认为，在中国社会文化背景下，项目当前融资进度对投资支持具有正向影响，融资额超过目标额后这种正向影响更加显著。本研究弥补了国内研究的空白，同时也丰富了不同地域下相关研究的理论结果。

第二，完善了众筹领域投资行为影响因素分析。参加众筹的项目普遍是具有创新性的产品或服务，项目本身所具有的不可预测性和风险性相对较高。根据组织行为学理论，个体行为产生的根源在于动机，动机又被进一步分为内部动机和外部动机。众筹参与行为的内部动机指大众对项目本身感兴趣或者参与该项目能满足某种特定的心理需求，外部动机主要指参与项目带来的经济报酬。本研究认为，项目当前融资进度对众筹参与行为动机的产生具有一定影响。项目当前融资绩效越高，越容易引发投资者的参与动机，本研究完善了众筹领域投资行为影响因素分析。

第三，本研究将目标梯度效应理论和马太效应理论引入众筹领域，丰富了与众筹相关的理论研究。目标梯度效应理论和马太效应理论提出的时间相对较早，理论发展较成熟，被广泛应用到多个领域。众筹作为一种新出现的商业模式，正处于高速成长期，理论研究方面有待完善。目前与众筹相关的理论主要有信号理论、羊群效应理论和责任扩散效应理论等。本研究提出将目标梯度效应理论和马太效应理论引入众筹领域，不仅丰富了与众筹相关的理论研究，还进一步推动了二者的文献研究工作。

第四，本研究将进一步明确影响投资者参与行为的机理，为项目发起人提高融资绩效提供参考。据相关统计显示，近几年我国众筹项目的数量在大幅度提升，但是融资成功的项目却占比较低。本研究有助于项目发起人进一步了解影响投资者参与行为产生的因素，了解在融资过程中需要注意哪些问题，从而帮助项目发起人提高融资绩效。

第五，本研究对投资者如何规避非理性投资行为具有实践意义。在众筹参与过程中，投资者对自身的参与行为也许并不了解，本研究有助于投资者认清自身参与行为产生的根源，帮助投资者做出理性的投资决策。

二、研究内容

（一）研究思路

首先，基于目标梯度效应理论研究项目当前融资进度与众筹参与行为之间的影响机理。根据目标梯度效应理论，当前融资额越接近目标额时会促进潜在投资者的众筹参与行为。其次，基于马太效应理论探讨高融资绩效表现是否也会反方向影响投资者的众筹参与行为。最后，基于信号理论探讨投资者安全感知和风险感知在主效应中所起的调节作用。依据从国内最大的产品众筹平台——京东众筹收集的相关数据，对本章提出的假设一一进行验证，给众筹参与各方提出建议，为众筹成功者和众筹市场发展提供理论指导。

（二）研究内容

现有研究对众筹融资绩效和投资者参与行为进行了初步探讨，认识到众筹平台公布的项目信息会对融资绩效和投资者参与行为产生影响，但是具体的影响机制还有待深入研究，本章的主要研究内容如下。

（1）融资进度对投资者参与行为的影响。

本研究计划将项目的融资进度分为达标前和达标后两个阶段来进行研究。根据目标梯度效应理论，越接近目标行为主体获取成功的动机越强烈，本文认为在众筹领域中也存在这种现象。根据马太效应“强者愈强，弱者愈弱”理论，强者凭借自己的累积优势会获得更多的机会和资源。因此，融资额超过目标额的项目更有可能获得更多的资金支持。本文将通过收集京东众筹平台上项目的相关数据对融资进度和投资者参与行为之间的关系进行研究。

（2）投资者安全感知和风险感知的调节作用。

根据信号理论，不同类型的项目信息向投资者传递的信号不同。有些信息帮助项目发起人提高投资者对项目的安全感知；而有些信息带给投资者的感受也许是不安全的，即投资者对该项目的风险感知较高。同时，考虑到参与众筹的多数投资者是持有小额闲置资金的普通大众，自身承担风险的能力有限，因此这类投资者更倾向于低风险投资。本章选取评论数和进展更新次数测量投资者安全感知程度，选取项目的最低投资额和融资期限测量投资者的风险感知程度，分别研究安全感知和风险感知在融资进度和参与行为之间的调节作用。

三、研究方法与技术路线

（一）研究方法

为了确保研究结果的准确性和科学性，本章主要使用了文献分析法、逻辑推理法和实证分析法三种研究方法。

（1）文献分析法。

通过对国内外有关目标梯度效应、马太效应、信号理论和众筹项目融资绩效影响因素以及众筹参与行为研究的文献进行梳理，结合当前众筹参与行为相关现状，初步形成研究框架。使用 Stata15 统计软件，对获取的面板数据进行分析，明确项目当前融资绩效和众筹参与行为之间的关系。

（2）逻辑推理法。

在对大量相关文献梳理总结的基础上，结合国内最大众筹平台——京东众筹的界面设置，确定与本研究相关的自变量、因变量、调节变量以及控制变量。通过对不同变量之间的逻辑关系进行深入分析和推理，最终构建研究模型。

（3）实证分析法。

使用八爪鱼网络爬虫工具从国内最大众筹平台——京东众筹收集相关数据，并对收集到的数据进行筛选和整理，以确保用于实证分析数据的完整性和有效性。然后，将获得的有效样本数据用于验证假设。最后，对结果进行科学分析确保研究能够得到有价值的结论。

（二）技术路线

技术路线图是整体研究规划的缩略图，本章的技术路线图如图 2.1 所示。

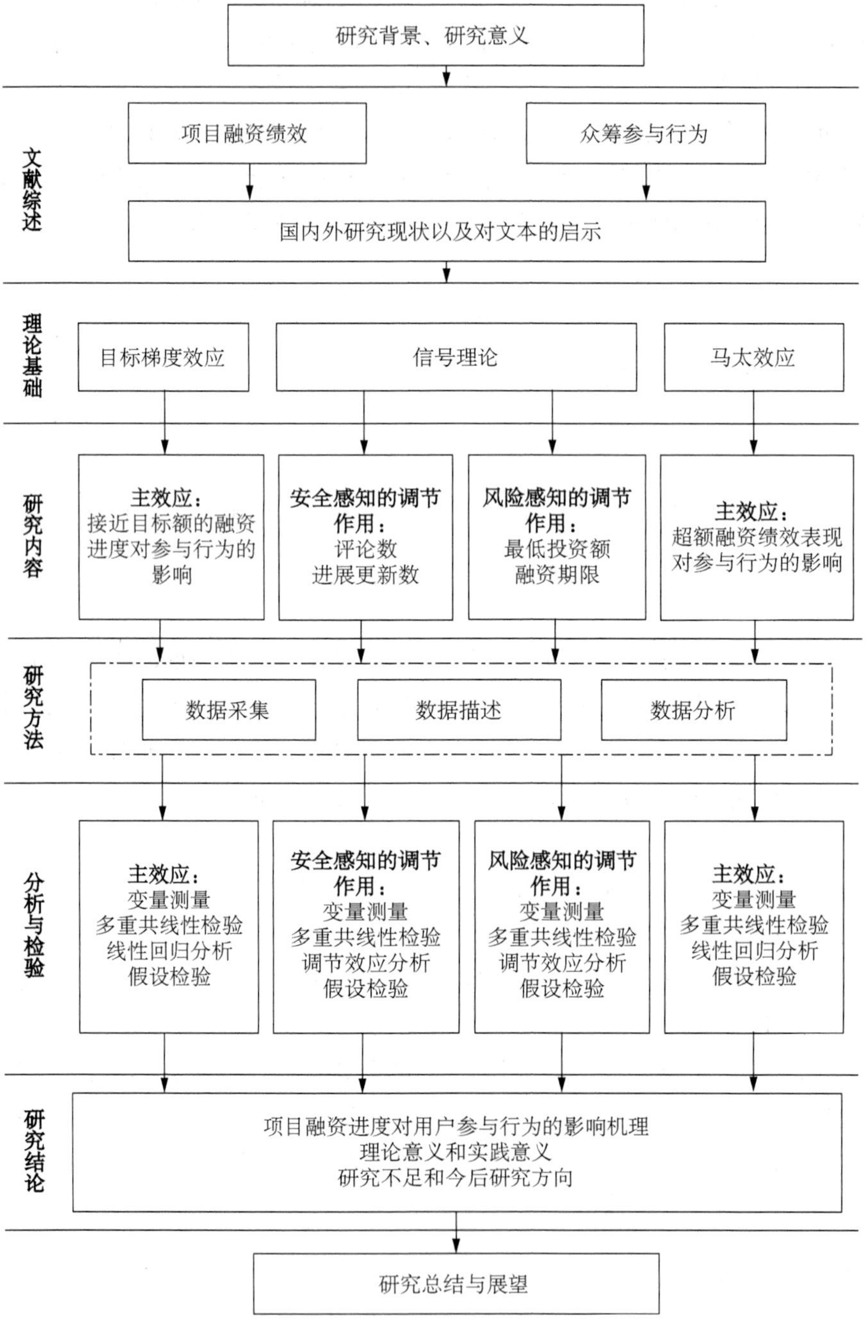
研究背景、研究意义
文献综述
项目融资绩效
众筹参与行为
国内外研究现状以及对文本的启示
理论基础
目标梯度效应
信号理论
马太效应
研究内容
主效应：接近目标额的融资进度对参与行为的影响
安全感知的调节作用：评论数 进展更新数
风险感知的调节作用：最低投资额 融资期限
主效应：超额融资绩效表现对参与行为的影响
研究方法
数据采集
数据描述
数据分析
分析与检验
主效应：变量测量 多重共线性检验 线性回归分析 假设检验
安全感知的调节作用：变量测量 多重共线性检验 调节效应分析 假设检验
风险感知的调节作用：变量测量 多重共线性检验 调节效应分析 假设检验
主效应：变量测量 多重共线性检验 线性回归分析 假设检验
研究结论
项目融资进度对用户参与行为的影响机理
理论意义和实践意义
研究不足和今后研究方向
研究总结与展望

图 2.1　技术路线图

四、研究创新点

(1) 众筹融资绩效和投资者参与行为之间有着天然的联系,以往研究将二者孤立起来分别对其影响因素进行研究是不全面的。本章基于目标梯度效应和马太效应,将众筹融资绩效和投资者参与行为相结合进行研究,着重探讨二者之间存在的关系,为今后研究提供了独特的视角,并为全面揭示众筹机理奠定了基础。

(2) 以往关于融资绩效影响因素和投资者参与行为的研究借助的理论过于单一,以信号理论、羊群效应和责任扩散理论为主。本章创造性地将目标梯度效应理论和马太效应理论引入众筹机理研究中,丰富了该领域研究的理论基础。

(3) 面板数据可以看作多个截面数据的集合,因此面板数据相比截面数据能更加全面地反映项目在融资期限各阶段的表现。本研究采用面板数据对所提假设进行检验,提高了研究结论的真实性和科学性。以往研究通常采用项目结束后的截面数据对研究假设进行检验,在某种程度上这种做法忽视了融资的整个过程。

五、小结

本章对研究背景、研究意义以及研究现状等进行了简要介绍,主要包括三个部分内容。

第一部分分别对研究背景和研究意义进行概括,进一步说明本研究的必要性和适当性。

第二部分对本研究的主要内容和研究思路进行了简单概括。

第三部分对本研究的研究方法和技术路线图进行简要介绍,同时指明本研究的创新点。

第2节 文献综述

一、众筹基本概念

(一) 众筹的定义

众筹的概念最初来自众包,众包是指通过网络平台向社会广大群众公开征集问题解决方案。众筹通常被看作是众包模式在融资领域的应用,都是借助网络平台向非特定群众寻求相关资源的支持。2016年,中国学者刘志迎等人将国内外学者对众筹的定义归为四个视角:运作模式视角、融资视角、创新视角和商业视角。

从运作模式视角来看,众筹是众包在互联网金融领域的应用,众筹属于众包。Lambert和Schwienbacher将众筹定义为项目发起人通过互联网将社会大众的资金聚集起来投资于自身所发起的项目;Gerber等认为众筹是一个开放性的系统,参与者或出于获得回报或单纯出于善意以捐赠方式支持项目。

从融资视角来看,众筹是一种新发展起来的小额融资模式。Rubinton将众筹视为投资银行的进一步演进,项目发起人面向社会大众进行融资;Mollick将众筹定义为发起人依靠网络直接向大量的社会单个投资者进行融资。

从创新视角来看,众筹是大众创新的表现。Ordanini等将众筹项目的投资者视为消费者,这些消费者自发以一种有效的方式为他人的创新性项目提供资金支持并期望从中获得回报(金钱回报或非金钱回报)。

从商业视角来看,众筹是一种新的商业模式。孟韬等学者认为众筹以平台为核心,连接投资者和出资者,形成了以金融流、信息流和报酬分配为主要内容的商业模式。作为商业模式,众筹同时注重筹资者的需求和投资者的需求,在二者之间构建商业伙伴关系,实现利益共享。

综合以上观点,不难发现众筹具有一个显著特点,即以互联网作为融资平台,以社会大众作为融资对象,并承诺向项目支持者给付一定回报。因此,本节将众筹定义为项目(产品/服务)发起人通过互联网平台向社会大众(非特定对象)募集资金并承诺向支持者给予回报。

(二) 众筹的分类

随着这种新兴融资模式的发展,其种类也愈来愈多。按照是否以盈利为目的,分为盈利性众筹和非盈利性众筹。其中,非盈利性众筹多具有公益性质,项目支持者没有期望获得任何回报;而盈利性众筹项目的支持者之所以投资该项目,绝大多数是期望自己能从中受益。盈利性众筹根据所获收益的类型不同,又可进一步划分为金钱收益类众筹和非金钱收益类众筹。以金钱收益作为回报模式的众筹项目称为众筹投资,这种类型的众筹把普通市民变成了"微型天使投资人"。非金钱收益众筹称为象征众筹,投资者获取的回报以项目产品为主要表现形式。

随后,学者对众筹类型进行了更为详细的划分。Belleflamme 将众筹划分为捐助众筹、股权众筹和实物回报众筹;Giudici 等人从投资者角度将众筹划分为交易、合作和赞助三种类型;Lambert 等学者从回报角度,将众筹分为捐赠众筹、产品众筹、债权众筹和股权众筹四种类型,这种分类方式目前应用最为广泛。

捐赠众筹不求回报,项目发起人和投资者的关系是慈善活动策划者与参与者,投资者参与众筹的目的是为慈善事业贡献一份力量,提供资金支持但不求回报。产品众筹也称回报众筹,项目发起人和投资者之间是买卖关系,投资者参与众筹的目的是获得与项目相关的产品或服务。债权众筹即 P2P 借贷,项目发起人和投资者是借贷关系,投资者参与众筹的目的是获得稳定的高额利息收入。股权众筹中,项目发起人和投资者是合作伙伴关系,投资者参与众筹的目的是成为新创企业的股东,从而获得高额的利润回报。

(三) 国内众筹运营模式

首先,项目发起人将项目书提交给众筹平台;然后,平台工作人员对项目进行初审;最后,审核通过后项目开始进行融资。项目发起人在发起项目时需要设置融资目标和融资期限,并根据自身项目的实际情况设置投资档位和回报发送时间。众筹平台还会在项目首页上为筹资方和投资方搭建讨论平台,对项目感兴趣的投资者根据自身获得的信息做出投资决策。只有在融资期限内达到或超过目标融资额的项目被看作众筹成功,平台会将所筹集的资金交付项目发起人。

项目支持者在特定时间之内将会收到发起人给予的回报,众筹平台从最终筹资额中收取一定的手续费作为佣金。对于没有达到目标额的项目,平台将按原路把资金退回到投资者的账户中,以保护投资者的资金安全。具体的众筹运营模式如图 2.2 所示。

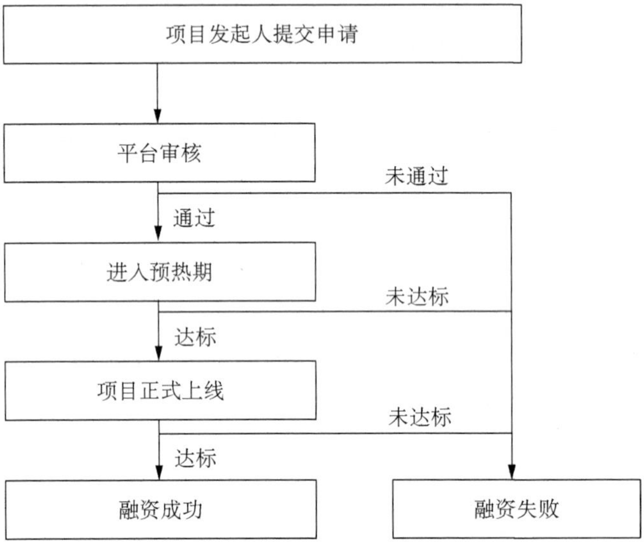

图 2.2 众筹运营模式

二、国内外研究现状

(一) 有关众筹融资绩效影响因素的研究

通过梳理文献,发现以往研究主要从项目要素、发起人特征、众筹平台、社会宏观环境等方面对众筹绩效的影响因素进行了论述。

(1) 项目要素对融资绩效的影响。

项目本身特征对融资绩效产生影响。Mollicky 选取 Kickstarter 众筹平台上的项目为样本,研究发现目标融资额、项目类型、融资期限等对融资绩效具有显著影响。郑海超等学者的研究结果表明,项目进展更新数对股权众筹的融资绩效具有显著正向影响。同时,Xu 等人的研究结果亦表明项目进展更新数正向影响项目融资绩效。Lambert 和 Schwienbacher 的研究发现,不以营利为目的的项目更容易获得资金支持。

（2）发起人特征对融资绩效的影响。

项目发起人特征影响融资绩效。发起人个人拥有的知识、信息、资金、关系以及与投资者之间的沟通都会对项目融资绩效产生影响。Hui 等通过定性研究发现，众筹社区讨论平台在项目融资过程中具有重要作用，项目发起人参与社区讨论的程度会影响投资者的参与意愿，通过这种社区讨论建立的网络关系对提高融资绩效具有显著影响。

同时，已有研究表明项目发起人的社会资本亦会对融资绩效产生重要影响。项目收到的第一笔投资往往来自项目发起人的个人社会网络，个人社会网络的广度和强度对项目融资绩效具有显著正向影响。Zheng 等学者对项目发起人多维度的社会网络资本对融资绩效的影响进行了研究，研究结果表明社会网络资本的结构、关系和认知 3 个维度显著影响项目融资绩效。

（3）众筹平台对融资绩效的影响。

众筹平台作为项目线上融资的场所，对项目的融资绩效具有重要影响。在项目上线前，众筹平台要对项目质量进行审核；项目上线后，众筹平台连接投融资双方，为双方提供实时进行交流的机会。因此，众筹平台本身所具有的特征也会对项目融资绩效产生影响，例如众筹平台的审查标准、收取的手续费、平台积累的口碑和声誉等。

（4）社会宏观环境对融资绩效的影响。

对融资绩效产生影响的宏观环境主要包括地理、文化和其他动态因素等。在地理环境方面，Agrawal 等学者发现地理约束对社会大众的投资倾向具有弱化效应。然而 Lin 和 Viswanathan 认为在众筹领域普遍存在本土偏好。Mollick 发现某地区的创新性人才比率对该地区项目融资绩效会产生一定的影响。地理因素对融资绩效的具体作用机制仍需继续探究。

在文化环境方面，Zheng 等人以中、美两国的众筹平台作为样本数据来源验证中美文化在项目发起人社会资本与融资绩效之间所起的调节作用，研究发现在中国文化背景下社会资本对众筹融资绩效的影响更加显著。

在其他动态环境方面，Kup-puswamy 和 Bayus 发现在众筹过程中普遍存在责任扩散效应，即已经投资该项目的支持者人数越多越不利于项目吸引潜在支持者参与项目；然而，也有研究指出投资者之间同样存在同群效应，当累计投资额越高时会吸引更多的投资者加入，出资者在线网络行为受一致性的影响；Rao 等人通过对单个项目的资金流时间序列集进行分析发现，不同时点的资金流入能很好地预测项目融资的成功率。

（二）有关众筹参与行为影响因素的研究

1. 大众参与生产理论

大众参与生产的理论具体包括大众参与众包理论、大众参与新品开发理论和大众参与知识生产理论。

有关大众参与众包行为的研究相对比较成熟，参与动机包括外部动机和内部动机两个方面。外部动机方面，Lakhani 认为货币奖励是引发参与行为的重要因素。内部动机方面，Schroer 和 Hertel 在关于维基百科参与者的研究中发现个体内在因素以及任务本身所具有的特性是吸引参与者的重要因素。而 Brabham 对众包参与者的研究表明，大众参与行为是在内部动机和外部动机共同作用下产生的，即物质报酬、技能和乐趣是大众参与众包的最重要因素。张媛对众包参与行为的研究表明，参与者的预期收益、努力期望以及对其的信任程度显著影响大众参与行为。

有关大众参与新产品开发的研究表明，大众参与新产品开发并提供相关知识和资源，主要是为了更好地满足自己对产品的需求。杨波认为领导用户(leader user)参与新产品开发的动机是多样的，有认知动机、利益动机、交往动机和精神动机等。因为众筹项目普遍具有创新性，故可将参与众筹的投资者看作新产品开发(new product development, NPD)中的 leader user，投资者为了满足自己对产品的需求对项目提供资金支持，并通过众筹平台将自己对产品的建议与创业者进行交流。因此，大众参与新品开发理论为研究众筹参与行为的动机和影响因素提供借鉴。

大众生产是指借助互联网平台为知识生产提供一种新的合作模式。常静等人认为参与传统知识生产的生产者是为了获得某种报酬参与劳动，而大众生产是参与者自愿参与生产活动的一种行为方式。同时，Benkler 认为大众生产者参与生产不仅是为了获得物质回报，还在于从参与行为中获得的精神回报。随后，Roberts 等人将参与动机划分为外在动机和内在动机。

2. 众筹参与行为相关研究

众筹参与是对创新性项目进行投资，风险相对较高，但是为什么仍有人愿意支持众筹项目呢？动机是行为产生的根本原因，而动机又进一步分为内部动机和外部动机。内部动机强调个人内在因素对参与意愿的影响，如参与自身感兴趣的项目能满足特定心理需求等。外部动机强调外部刺激对参与意愿的影响，如经济报酬。

Gerber 分别对产品众筹、股权众筹、债券众筹和捐赠众筹 4 种类型的参与行为进行了研究，发现产品众筹、股权众筹和捐赠众筹的参与行为主要受内部动机驱动，债权众筹的参与行为主要受外部动机驱动。对于产品众筹和股权众筹，项目发起人向投资者展示的是某种具有创新性的产品或服务，投资者参与这种项目是为了满足某种特定的心理需求，如挑战性、自主性或新颖性等。2018 年，中国学者王正沛基于期望确认理论模型对产品众筹投资者持续参与意愿进行研究时，发现消费者倾向购买新上市产品的这种内在心理特质对投资者持续参与众筹意愿具有正向影响。对于捐赠众筹，项目投资者出于内在的同情心或同理心，为获得社会大众的广泛认可或强化自身地位或塑造良好的社会形象而选择参与这种慈善活动。Belk 和 Coon 认为，在公益众筹项目中投资者往往没有考虑自身能否从中获得经济回报，这种参与行为通常只受情感动机、预期动机和社会归属动机的影响。对于债权众筹，投资者作为借款人单纯是为了获得某种高额的利息回报，这类投资者对项目本身所具有的属性没有任何兴趣。例如，国外 Trampoline 平台上的投资者多是为了获得金钱回报而选择参与众筹项目。

（三）现有研究述评

通过对国内外研究现状进行分析，可以发现：当前研究主要集中在融资绩效影响因素分析和投资者参与行为分析两个方面。影响项目融资绩效的因素主要有项目本身具有的特性、发起人特征、平台特质和社会宏观环境四大类，影响融资绩效的项目本身特性的因素有融资规模、项目类型、融资期限和项目质量等；影响融资绩效的发起人特征主要是指发起人所拥有的社会资本；影响融资绩效的众筹平台特质主要有平台对项目的审核标准、平台的口碑/声誉和平台为投融资双方搭建的社区平台质量。影响融资绩效的社会宏观环境有社会文化和地理区域因素等。有关众筹参与行为的研究结果显示，影响众筹参与行为的动机主要包括内部动机和外部动机两类。参与产品众筹、股权众筹和捐赠众筹的投资者被认为其行为主要受内部动机驱动，参与债权众筹的投资者被看作其行为主要受外部动机驱动。

通过对以上文献进行梳理，可以发现现有研究对项目融资绩效影响因素的研究已有了初步成果，认识到影响融资绩效的因素是多方面的。对众筹参与行为的研究也进行了初步探索，将行为动机分为内部和外部两类。但是有关众筹机理的研究仍然存在以下不足，需要进一步深入研究。

(1) 有关融资绩效和投资者参与行为的研究联系不够紧密。

虽然已有研究分别对众筹融资绩效和投资者参与行为进行了较为深入的研究,但是忽视了二者之间天然形成的联系。因为网络平台的公开性,每一位潜在投资者都可以时刻查看项目当前的融资绩效,当前研究只注意到投资者的参与行为会对项目的融资绩效产生直接影响,事实上融资绩效的高低在某种程度上也会对潜在投资者的参与行为产生影响,其中的机理有待进一步研究。

(2) 有关投资者参与行为的影响因素研究缺乏理论支撑。

目前有关投资者参与行为的研究主要在集中探讨行为背后的动机,但是行为影响因素作用机理的理论依据尚不清晰,现有理论依据以羊群效应和责任扩散效应为主,但是依据二者得出的研究结论却大相径庭,难以全面深刻地揭示投资者参与行为的影响机理。

(3) 对投资者的参与行为有待深入研究。

投资者的参与行为对项目最后能否成功募集到所需资金至关重要。因此,投资者参与行为研究是研究众筹机理的重点之一。现有文献对投资者参与行为的研究取得了初步成果,但是仍然不够深入。已经参与项目投资的这部分投资者对其他潜在投资者是否会产生影响?如果有影响,那么会产生什么样的影响?这些影响是否有利于提高项目融资绩效?这些问题都有待深入研究。

三、小结

对本章的研究客体及与研究相关的理论基础进行介绍,主要包括两个部分内容。

第一部分对众筹的定义、分类和运营模式进行详细介绍,为后文理论应用和提出假设做铺垫。

第二部分主要是对国内外当前研究现状进行概括,指出现有研究还存在的不足之处,从侧面阐述进行本研究的意义。

第 3 节　理论基础与研究假设

一、理论基础

(一) 目标梯度效应的定义与理论应用

1932 年，Hull 在其动机理论中首次提出目标梯度假说（goal-gradient hypothesis），该假说是其目标反应假说(goal reaction hypothesis)的延伸。目标反应是指个体对刺激产生的行为，随后采取的一系列行动也是对之前刺激的反应。而目标梯度假说是指个体的动机会随着接近目标的程度逐渐增强，这种现象也被称作目标梯度效应。1934 年，Hull 以小鼠为实验对象验证了目标梯度假说，即迷宫中小鼠在接近食物时跑得更快。1977 年，Heileizer 针对这一现象在人类身上进行了试验，测试人类在接近目标时的一些生理反应（如心率、皮肤电反应等），发现在人类行为中也普遍存在目标梯度效应。随后的众多研究表明，当个体接近奖励（如礼券）或目标（如终点线）时会朝着目标方向更加努力。

有些学者还认为目标梯度效应产生的原因之一是个体认为后期事件比同等的早期事件有更大价值，从而更倾向于后期采取行动以获得更大的自我价值感知。在某些情况下，参与者明确指出了后期采取行动似乎比早期采取行动更有影响力。随着与目标距离的不断缩小，后期每一个行为都在不断缩小的距离中代表了更大比例的进步。例如在一项研究中，要求两个人先后掷硬币，如果掷出的结果相同则获得奖励，否则不会获得任何奖励。研究参与者报告说，如果因掷出的结果不相同而没有获得奖励，后掷硬币的人相比前者会受到更多的指责，即使两个人对结果负有相同的责任。与此同时，Jakob 等学者还对目标梯度效应进行了延伸，提出一个新概念 DTAG（driving toward a goal），目标节（goal pitch）和目标进度指标（indicator of progress toward the goal）是 DTAG 的两个基本组成部分。目标进度通常尾随目标节，但有时候它也会出现在目标节之前，以引导方向（例如，某个慈善募捐项目现在已筹集 3 万元，但是想筹集 30 万元）。从概念上讲，DTAG 的两个组成部分都在利用接近性作为说服手段以达到目标。因此，DTAG 更侧重于当前值和理想值之间的距离，而不是目标本身。

近年，目标梯度效应被证实广泛存在，与之相关的研究主要集中在消费、捐赠、电子游戏、管理等领域。

根据目标梯度假说，当接近获得奖励时消费者会更加努力地购买商品以获得该奖励。例如，Kivetz 等研究咖啡馆顾客的购买行为时发现，当顾客接近九杯咖啡的目标时购买行为会变得更加频繁，这些顾客都参与了“购买九杯咖啡，第十杯免费”的活动。对于捐赠这种亲社会行为来讲，行动者更倾向于后期采取行动，以获得更大的自我价值感知，从而提高自身在活动中的满意度和幸福感。例如，Cynthia 等学者的研究结果表明，当累积捐赠额接近目标额时人们更愿意伸出援助之手，并将其称为目标梯度援助行为（goal-gradient helping behavior）。

2017 年，Ching 从目标梯度视角出发对线上游戏玩家忠诚度进行了研究，结果表明，当接近游戏的终极目标时玩家表现出更高的忠诚度，且团队内部成员之间关系的深度得以加深，这均有利于团队目标的达成。与此同时，Li 等学者的研究表明电子游戏赌博行为（electronic gaming machine gambling, EGM gambling）也存在目标梯度效应，当奖励具有确定性时，赌徒更倾向于在赌局快结束时下更大的赌注。

目标梯度效应对承诺升级的影响。进而导致个人在管理方面做出非理性决策。2011 年 Ting 基于目标梯度假说来解释资源分配的模式和接近目标时的承诺升级现象。Ting 认为，目标梯度效应之所以会导致承诺升级主要原因在于个体在朝着目标前进时夸大了自身追求的目标和不追求的目标之间的价值差异。这种感知到的价值差异又会导致承诺升级。

众筹通过网络平台向社会大众广泛集资，只有当融资额达到或超过目标额，项目才能被看作是融资成功。当融资额接近目标额时，潜在投资者为了获得更大的自我价值感知，可能会倾向于在此刻选择投资以彰显自己对项目融资做出的贡献是无比巨大的。

（二）马太效应的定义与理论应用

马太效应（Matthew Effect）指强者愈强、弱者愈弱，与张弓效应相悖，与二八法则类同。

(1) 老子的张弓效应

《道德经》七十七章讲到:天之道,其犹张弓欤? 高者抑之,下者举之。有余者损之,不足者补之。天之道,损有余而补不足。人之道则不然,损不足而奉有余。孰能有余以奉天下? 唯有道者。是以圣人为而不恃,功成而不处,其不欲见贤。

译义:天道不正像拉弓射箭吗? 高了就压低些,低了就抬高些。有余的就减少些,不足的就补充些。天道是减损有余的,补给不足的。人道却不是这样,而是减损不足的,供给有余的。谁能把自身多余的拿来奉献给天下? 恐怕只有有道的人吧。因此,圣人从不自恃,不居功,不彰显才能。

由此可见,早在两千多年前,老子就已经注意到了社会生活中的马太效应,并设想大同理想社会与之完全不同的景象,称之为张弓效应。张弓效应强调机会均等,而马太效应则恰恰相反。

(2) 莫顿的马太效应

马太效应源自《新约·马太福音》中的一则寓言故事:国王远行交给三个仆人每人一锭银子,并吩咐他们用这银子去做生意。等国王回来时,第一个仆人用国王交给他的一锭银子赚了10锭,于是国王奖励了他10座城邑。第二个仆人用那一锭银子赚了5锭,于是国王奖励了他5座城邑。第三个仆人一直将国王交给他的那一锭银子包在手巾里存着,一直没有拿出来,于是国王将第三个仆人的那锭银子赏给了第一个仆人,并且说道:"凡有的,还要加给他,叫他多余;没有的,连他所有的,也要夺过来。"

1968年,罗伯特·莫顿从中引出"马太效应"用以概括科学界中普遍存在的一种现象,即相比那些默默无闻的学者,威名远播的学者通常更容易获得大家的认可,即使他们的成就相似。随后,罗伯特·莫顿将"马太效应"归纳为:任何个体在某一个方面获得成功或进步就会产生一种积累优势,从而有机会获取更大的成功和进步。

马太效应理论已被应用到多个领域。现有研究发现,在教育、经济等领域普遍存在马太效应。

高校学术资源配置中的马太效应主要表现为,重点高校获取的学术资源高于普通院校,使得原本实力就很雄厚的重点高校变得更为强大,弱势高校所处的窘境更加明显。学术资源配置中的马太效应既有积极的影响也有消极的影响。积极影响主要表现为,有利于学术资源的优化配置和强化科学共同体内部的竞争。消极影响主要表现为,加大重点高校和普通院校之间的差距,从长远来看不利于高校成长和科研发展。

改革开放初期沿海地区经济确实得到了飞跃式发展，并成为中国经济发展的火车头。但是，东、中、西部地区经济发展严重不平衡，区域经济发展的"马太效应"开始显现。经济领域中的马太效应带来的影响亦是双面性的，既有积极影响又有消极影响。带来的积极影响是，它能使得经济"领先者"不断增强发展的动力，以取得更高的发展成果。带来的消极影响是，它使得经济"弱者"本身仅有的发展资源不断流失，造成经济增长缓慢，甚至停滞，与"领先者"的差距被不断拉大，最终形成难以逾越的鸿沟。

众筹领域中也普遍存在马太效应。如果存在相似的两个项目，其中一个融资额早已超过目标额达到融资目的，另一个项目的当前融资额还远远未达标，此时投资者为了规避风险，倾向于投资第一个项目。这就导致两者之间的融资差距越来越大，前者获得融资额越来越多，后者的融资额不仅没有增长还会面临被撤资的风险。

（三）信号理论的定义与理论应用

信号理论起源于逆向选择问题研究。1970 年，Akerlof 以二手车市场为研究对象，发现市场交易中买卖双方存在信息不对称问题，即买方只知交易商品的质量分布，不了解交易商品的确切质量，从而导致质量低的商品在市场上能顺利完成交易，而质量相对较好的商品却难以实现交易，开创了逆向选择问题研究的先河。

1973 年，Spence 以劳动力市场为研究对象，提出了逆向选择问题的解决方法。在竞争激烈的劳动力市场中，劳动者比雇主更加了解自己的能力水平，从而具有信息优势。那些具有较高才能的劳动者为使雇主认识到自身所拥有的能力水平，通过采取某些低成本的行为向雇主发送信号（如向雇主展示自己的学历水平），来帮助雇主了解自身能力情况。雇主从而根据所了解到的信息做出明智选择。信号发送理论由此诞生。

信号发送理论虽然解决了逆向选择的问题，但随之而来的还有另一个问题，即处于信息劣势的一方是否也能通过某些低成本的行为方式来对产品质量做出判断。1976 年，Rothschild 等学者以保险市场为研究对象，针对这个问题给出了解决方案。保险公司相对于投保人处于信息劣势方，对投保人风险状况不了解，为解决此问题，保险公司通过提供高风险高保费和低风险低保费的风险产品供投保者选择，从而实现了对投保人风险程度进行区分的目的。信号甄别理论由此诞生。

信号理论应用在产品市场、金融市场中。厂商借助信号发送理论向消费者传递产品质量信号以提高业绩。1974 年 Nelson 研究发现，广告对厂商品牌形象塑造具有重要作用，且研究发现当厂商支付较高的广告费用于塑造品牌形象时消费者接收到的信号更倾向于认为产品质量较高。1988 年 Wernerfelt 同样发现制造业厂商可以通过建立品牌这种相对低成本的行为方式向消费者传递产品质量信号。随后，学者们还以产品价格、质量保证书等为变量结合信号发送理论进行了相关研究。

1979 年 Bhattacharya 和 1985 年 John 等学者的研究结果纷纷表明公司发放红利的行为会向大众传递一种积极信号。在外界看来发放红利说明公司整体营运良好，有利于上市公司进一步筹资用于发展新业务。同理，当公司红利发放额减少或停止发放红利时，人们自然而然地也会将利润下滑与此联系起来。2005 年，Dan 等学者对以上结论进行了验证。

众筹平台上有关项目的具体信息随时可见，这些信息时时刻刻都在向潜在投资者发送不同的信号，而这些信号在某种程度上也会对投资者的投资决策产生影响。因此，借助信号理论来研究众筹参与行为具有适用性。

二、研究模型

本部分基于项目融资整个过程构建融资进度与投资者参与行为之间关系的研究模型，如图 2.3 所示。

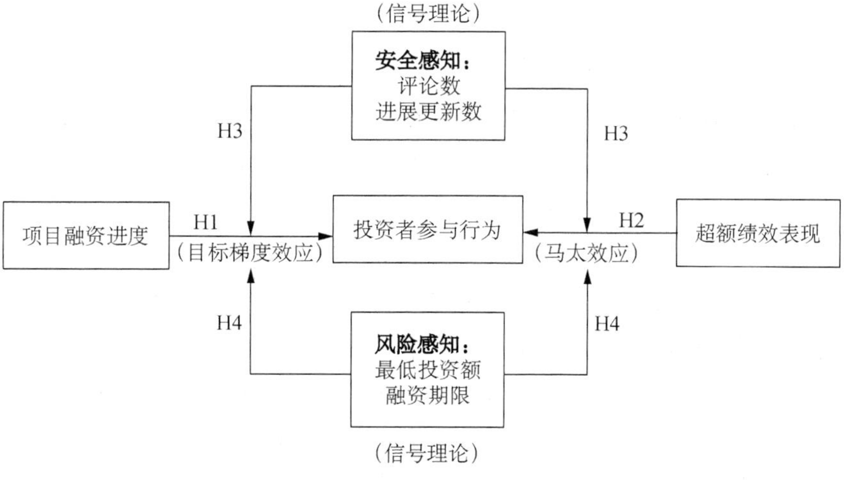

图 2.3　研究模型

首先,基于目标梯度效应理论,研究项目当前融资进度对众筹参与行为的影响。根据目标梯度效应理论,动机是行为产生的内因,人的动机会随着接近目标而加强,在接近目标时人们更倾向于采取实际行动促进目标的完成。目标梯度效应理论已被证实广泛存在于消费行为、慈善行为和组织管理多个领域。本文依据对国内筹资项目过程的观察,认为在众筹领域也普遍存在目标梯度效应,即接近目标额的筹资进度对投资者参与行为会产生影响。

其次,本文基于马太效应理论,研究超额融资绩效表现对投资者参与行为的影响。马太效应(Matthew Effect)强调"强者愈强,弱者愈弱",该理论被提出后在科学、教育、经济等多个领域均有运用。根据马太效应理论,融资额超过目标额的项目会凭借自身已有的资金优势进一步获得更多的支持。因此,本文认为超额绩效表现会影响投资者的参与行为。

最后,本文基于信号理论,研究投资者安全感知和风险感知在融资进度和参与行为之间所起的调节作用。信号理论是众筹领域应用最成熟的理论之一。依据信号理论,处于信息优势和劣势的各方可以分别通过发送信号和甄别信号促使对方做出最有利的选择。众筹平台上的投资者多数是拥有小额闲置资金的普通社会大众,这类人群对投资的安全感知和风险感知更敏感。因此,本文认为在安全感知和风险感知不同的情境下,投资者的参与行为会有所不同。

三、研究假设

(一) 达标前项目融资进度和投资者参与行为

组织行为学理论认为,需求产生动机,动机支配行为。20 世纪 90 年代,Hull 根据动机理论首次提出目标梯度效应理论,该理论认为主体越接近目标,驱动其行为的动机越强烈。现有研究表明,目标梯度效应产生的重要原因在于个体认为后期事件比同等的早期事件具有更大的价值,从而倾向于在后期采取行动以获得更大的自我价值感知。因为,随着接近目标的程度不断加大,后期行为在不断缩小的目标距离中代表了更大比例的进步。在某些情况下,参与者明确指出后期采取行动比早期采取行动受到的关注更多。

已有研究将众筹参与行为的动机划分为内部动机和外部动机两种。内部动机强调参与项目受个人内在因素的影响,如对某个项目有兴趣,参与项目能满足特定心理需求等。外部动机强调外部刺激对参与意愿的影响,如经济报酬。

Gerber 对产品众筹、股权众筹、债券众筹和捐赠众筹四类众筹的参与动机进行分析，发现投资者参与产品众筹、股权众筹和捐赠众筹的行为主要受内部动机驱动，参与债权众筹的行为主要受外部动机驱动。本研究将众筹参与行为视为亲社会行为中的一种，而亲社会行为产生的动机在于个体从中感受到的自我价值。

国内众筹的运营模式规定，在融资期限结束时，只有融资额达到或超过目标额的项目才能被看作融资成功，融资绩效未到达 100%的项目均被看作融资失败，尽管有些项目仅差 0.01%而未达到融资目标。因此，当融资额越接近目标额时，剩余资金的获取对项目发起人融资成功的重要性就越高。投资者为了从项目发起人那里获得更大的自我价值感知和更多的关注通常会在此时采取行动。因此，本文认为在项目融资过程中同样存在目标梯度效应。由此提出假设 H1：接近 100%的融资进度对投资者参与行为具有显著的正向影响。

（二）达标后项目融资进度和投资者参与行为

美国科学史研究学者 Merton 从这则寓言中引出“马太效应”这个术语用以概括科学界中的一种现象，即大众更倾向于认可名望科学家的研究成果，对于那些不知名科学家的认可往往会显得很吝啬，即使他们的成就相似。莫顿将这种社会效应归纳为：个体在某一个方面获得成功和进步会产生一种积累优势，从而有机会取得更大的成功和进步。从此，强调“强者愈强，弱者愈弱”的马太效应诞生。

同理，在众筹过程中，那些融资额已经超过目标额的项目通常会更容易获得投资者的青睐，而那些尚未达标的项目融资会变得愈加困难。首先，人们在实施某一行为前通常会对该行为产生预期和评价。公益众筹研究表明个人对项目结果的预期与支持意愿显著正相关。超额高绩效表现的项目传递给投资者的信号通常是该项目质量好、风险低、回报高，从而促使更多的潜在投资者参与到项目中来。这就使得这种累积优势越加明显，从而吸引更多的投资者参与项目。同时，有关众筹行业投资者行为变化的研究表明，在项目融资晚期，受截止效应的影响投资者的旁观者行为程度下降，促使更多的投资者参与项目。由此提出假设 H2：超额绩效表现对投资者参与行为具有显著正向影响。

（三）安全感知和风险感知的调节作用

信号理论包括信号发送理论和信号甄别理论。

Spence 以劳动力市场为研究对象，提出了解决逆向选择问题的信号发送理论。在劳动力市场中，劳动者比雇主更加了解自己的能力水平。具有较高才能的劳动者可以通过向雇主发送代表自己能力水平的信号促使雇主选择雇佣自己。Rothschild以保险市场为研究对象，提出信号甄别理论。保险公司相对于投保人而言具有信息劣势，对投保人的风险状况完全不了解。为避免公司遭受重大损失，保险公司决定对投保者提供高风险高保费和低风险低保费两种风险产品，从而对投保人的风险程度进行区分。

众筹基于互联网面向社会大众融资，发起人绝大部分属于中小微初创企业，产品多数属于创新产品，致使投资者无法全面了解企业和产品。因此项目发起人和投资者所有的关于项目真实价值和投资机会的信息具不对称性。处于信息优势一方的项目发起人为达到融资目的，必须不断地向投资者发送信号。相反处于信息劣势一方的投资者为确保能获得收益，必须对接收到的信号进行仔细甄别并以此来做出投资决策。卞娜的研究表明信息充分披露的企业更容易得到投资者青睐，因为投资者认为这类企业往往有能力降低其投资风险，并更有可能在项目结束时获得丰厚回报。所以，通过企业内部人员向企业外部人员传递信号这一过程不仅能有效解决信息不对称问题，并且对外部投资者的投资意向和行为也会产生有利影响。

本文将项目信息传递给客户的感受分为安全感知和风险感知两类。同时认为，在安全感知较高、风险感知较低的情境下，融资进度对投资者参与行为的正向影响更加强烈。

1. 安全感知

随着互联网金融的发展，众筹应运而生。因此，众筹面临着和互联网金融类似的问题，即投资者对金融产品的安全感知。

第一，众筹借助虚拟的网络平台向大众筹集资金，而不是通过某种实体的方式进行筹资，投资者的风险感知相对较高，安全感知相对较低。网络本身的虚拟性具有天然的不安因素，对普通的投资者而言，这种不安因素会被进一步放大，因为这类人群的风险敏感系数更高。

第二，投资者对项目发起人以及项目感到不安。众筹项目的发起人通常是散布在全国各个角落的小规模创业团队，几乎没有任何知名度。作为投资者的普通社会大众对这些未曾谋面的创业团队可谓一无所知。众筹项目通常具有一定的创新性，但创新带给人的感受除新颖之外还有对未知的不安。

众筹平台为提高投资者对项目发起人和项目本身的了解程度，分别为每一个项目搭建了社区讨论平台，方便投融资双方以及投资者内部的相互交流。本研究选择社区讨论平台上与项目相关的评论数和进展更新数来测量投资者的安全感知程度。

评论数指投资者和项目发起人就与项目相关的问题发表评论的数量。在社区讨论平台，投资者可根据项目质量以及项目存在的问题在平台上发起讨论，发起人作为项目的主办方有义务全面回答投资者提出的任何和项目相关的问题。因此，评论数量越多投资者从中获得的信息越多，对项目质量就越了解。同时，评论数量还代表了投资者对该项目的关注程度，评论数量越多，说明该项目越受投资者重视。因此评论数量越多，投资者的安全感知越高。

进展更新数指项目发起人在众筹平台上对项目进度进行更新汇报的次数。项目发起人为吸引更多的投资者参与到项目中来，会主动在社区平台公布项目进展情况。进展更新次数越多，投资者对项目的进度就越了解，从中感受到的服务价值也越高。同时，进展更新次数越多，说明项目发起人对自身项目质量越有信心，也说明发起人就项目当前阶段存在的问题与投资者进行交流的愿望越强烈。因此，进展更新次数越多，投资者从中获取的有关项目质量的信息就越多，安全感知程度越高。

众筹项目的投资者多数是持有小额闲置资金的普通社会大众，相对于专业的证券投资者来说，众筹投资者的风险偏好更低。因此，在投资者的安全感知较高的情形下，融资绩效对投资者参与行为的促进作用越显著。综上，提出以下假设。

H3a：评论数量越多时，接近 100%的融资进度对投资者参与行为的正向影响越显著。

H3b：评论数量越多时，超额绩效表现对投资者参与行为的正向影响越显著。

H3c：进展更新次数越多，接近 100%的融资进度对投资者参与行为的正向影响越显著。

H3d：进展更新次数越多，超额绩效表现对投资者参与行为的正向影响越显著。

2. 风险感知

对互联网金融产品，投资者通常会关注两件事情：成本和回报。投资成本的高低和投资收益的多少会影响投资者的风险感知，从而对投资决策产生影响。众筹亦不例外。

在国内众筹运营模式中，投资者可以在众筹平台上浏览所有现阶段正在融资的项目,不同项目的融资期限不同,获得回报的时间也不相同。投资者综合了解所有信息,同时结合自身需要,选定项目进行投资。融资期限结束后,项目发起人依照先前的承诺向投资者发送回报。

本研究选取众筹项目设置的最低投资额和项目融资期限来测量投资者在众筹参与过程中的风险感知。

最低投资额指项目发起人为投资者设置的最低投资额。通常情况下,项目发起人会由低到高对项目设置多个投资档位,以供投资者选择。为保证项目在融资期限内能按时筹集到足额资金,发起人都会对项目设置最低投资额。最低投资额设置得越高,意味着投资者为获得回报付出的成本就越高,而高成本通常意味着高风险。因此,对于持有小额资金的社会大众来说,最低投资额设置得越高,其从中感知到的风险越大;最低投资额设置得越低,从中感受到的风险就越低。同时,设置较低的目标额还能提高投资者的自我价值感知,从而促使更多的投资者参与到项目中来。

融资期限指项目发起人对项目设置的融资时间段。国内众筹运营模式规定,项目发起人必须为自身项目设置融资期限,并且只有在融资期限结束后,项目发起人才能向投资者发送回报。因此,融资期限的长短反映了投资者收到回报的时间长短。融资期限越长的项目,投资者收到回报的时间越长;融资期限越短,投资者收到回报的时间越短,即投资者在短期内就能获得收益。同时,融资期限设置较长,会向投资者传递一种项目发起人对自身项目信心不足的信号,反而对吸引投资不利。所以,融资期限设置的越短,投资者从中感受到的风险程度越低。

在投资者的风险感知较低的情况下,投资者更倾向于采取行动。因此提出以下假设。

H4a:最低投资额设置的越低,接近100%的融资进度对投资者参与行为的正向影响越显著。

H4b:最低投资额设置的越低,超额绩效表现对投资者参与行为的正向影响越显著。

H4c:融资期限设置的越短,接近100%的融资进度对投资者参与行为的正向影响越显著。

H4d:融资期限设置的越短,超额绩效表现对投资者参与行为的正向影响越显著。

四、小结

第一部分分别对目标梯度效应、马太效应和信号理论的定义与主要应用领域及研究结果进行简要介绍，为后文研究假设的提出奠定理论基础。

第二部分通过观察众筹项目融资过程，并结合已有研究成果，提出关于融资绩效和投资者参与行为的研究模型。

第三部分根据第一部分提到的相关理论，对研究模型变量间的相互关系进行逻辑推理并提出研究假设，为后文实证检验奠定基础。

第4节　实证检验

一、数据描述

(一) 样本选择

本节选择京东众筹作为样本来源。京东众筹于 2014 年 7 月 1 号正式上线,以产品众筹为主要业务。据有关统计显示,2017 年京东众筹平台有 4 140个项目融资成功,成功筹资额高达 17 亿元。京东众筹深受广大投资者欢迎的原因在于其网页设计非常人性化。不仅投资者可以随时查看项目融资进度、已有支持者人数、关注数、点赞数、进展更新数、评论数以及有关项目发起人的信息,项目发起人还可以借助社区讨论平台与投资者进行线上交流,同时还可以根据项目需求为其设置不同的投资档次。这也为本研究采集相关样本信息提供了方便。

本研究借助八爪鱼数据采集器,对众筹平台 2017 年 12 月 1 日到 2018 年 3 月 31 日期间正式上线的项目进行跟踪,每天晚上 10 时定时采集项目信息,最终获得 306 个样本,其中融资成功的样本为 204 个,融资失败的样本为 102 个。根据研究假设,选取融资成功的样本数据用于实证检验。

(二) 变量测量

本节根据研究内容,选取项目每天的融资进度作为自变量来测量项目的融资绩效;选取项目每天新增的支持者人数来测量投资者参与行为;选取评论数和进展更新数测量投资者的安全感知程度;选取项目设置的最低投资额和融资期限来测量投资者的风险感知程度。同时,为进一步保证研究结果的准确性,排除其他因素对研究结果的干扰,选取累计支持者人数、累计关注者人数作为控制变量,因为以往研究表明支持者人数和关注者人数对融资绩效和投资者参与行为有显著影响。有关变量的描述信息如表 2.1 所示。

表 2.1　变量定义描述

变量	定义
控制变量	
累计支持者人数	从项目上线开始累计的投资者数量
累计关注者人数	从项目上线开始关注该项目的用户数量
自变量	
融资进度	项目当天累计融资额与目标融资额的比值
调节变量	
评论数	社区讨论平台上项目当天累计的评论数量
进展更新数	社区讨论平台上项目当天累计的进度更新次数
最低投资额	投资者参与该项目需投入的最低金额
融资期限	发起人为项目设置的融资时间
因变量	
新增支持者人数	项目当天累计的投资者人数与前一天累计投资者人数的差额

同时，为了降低互为因果的影响，本研究将因变量滞后一天，即本研究关注项目今天前因变量（自变量和控制变量）对明天结果变量的影响。因此，本研究结果变量的时间跨度为项目上线的第二天到融资结束的最后一天，而所有前因变量的时间跨度是项目上线的第一天到融资结束的前一天。

二、数据分析

（一）描述性统计和相关性检验

1. 描述型统计分析

通过对样本数据进行整理时发现，累计支持者人数和累计关注者人数的数值相对于自变量和因变量的数值偏大，故对二者分别做了对数处理。关于 204 个样本项目最终融资绩效的分布如图 2.4 所示。其中，最小值为 102%，最大值为 1 270%，均值为 423%。有关变量的描述性统计分析如表2.2 所示。

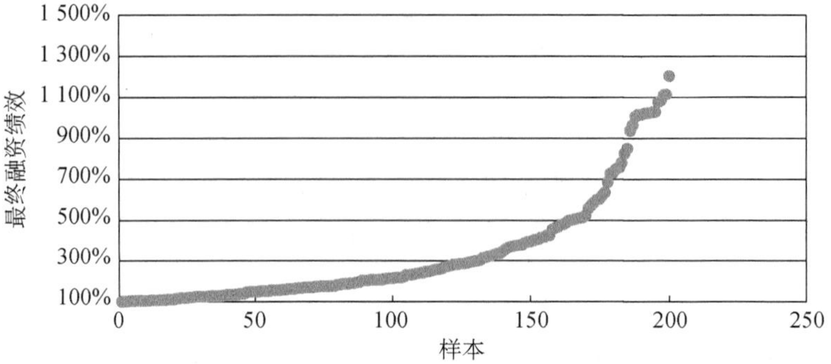

图 2.4 样本最终融资绩效分布

表 2.2 描述性统计分析

变量	均值	标准差	最小值	最大值
控制变量				
ln(累计支持者人数)	5.45	1.38	0.61	9.22
ln(累计关注者人数)	6.05	1.19	2.20	9.21
自变量				
融资进度	252.00%	3.10	0.00%	1 270.00%
调节变量				
评论数	94.22	1.20	3.00	2 222.00
进展更新数	4.25	4.15	0.00	30.00
最低投资额	478.29	1.23	11.00	4 999.00
融资期限	37.39	8.38	20.00	60.00
因变量				
新增支持者人数	20.61	67.55	0.00	267.00

2. 相关性分析

多重共线性指线性模型中解释变量之间高度相关，通常用相关性分析法检验。本文利用 State15 将所有变量做 Person 相关分析，回归结果如表 2.3 所示。从表中可以看出，各变量之间的相关系数均小于 0.7，不具有多重共线性。因此，变量均可用于模型估计。同时，回归结果显示融资进度与新增支持者人数呈显著正相关，初步支持了假设 H1 和假设 H2。

表 2.3 相关性分析

变量	1	2	3	4	5	6	7	8
累计支持者人数	1							
累计关注者人数	0.593***	1						
融资进度	0.540***	0.468***	1					
评论数	0.467***	0.587***	0.382***	1				
进展更新数	0.353***	0.531***	0.476***	0.396***	1			
最低投资额	−0.439***	0.004	0.003	0.078***	0.023	1		
融资期限	0.306***	0.115***	0.254***	0.180***	0.076***	0.123	1	
新增支持者人数	0.272***	0.160***	0.107***	0.185***	0.313***	−0.138***	−0.144***	1

注：* $P<0.05$；** $P<0.01$；*** $P<0.001$。

（二）回归模型设计

1. 主效模型设计

本研究的主效应主要讨论项目当前融资进度对投资者参与行为的影响。将项目前一天的融资进度作为自变量，将项目当天新增的支持者人数作为因变量。由此可见，因变量和自变量是随个体和时间而变的变量，且因变量比自变量滞后一天。综上，构建的主效应模型如式(2.1)。

$$y_{it}=\alpha\chi_{it-1}+\mu_{it}+\varepsilon_{i} \tag{2.1}$$

式中 y_{it}—— 第 i 个项目在第 t 天新增的支持者人数；

χ_{it-1}—— 第 i 个项目在第 $t-1$ 天的融资进度；

$\mu_{it}+\varepsilon_{i}$—— 构成复合扰动项，μ_{it} 表示随个体和时间而变的扰动项，ε_{i} 表示随个体差异而变的扰动项；

α—— 待估参数。

2. 调节效应模型设计

本研究的调节效应主要讨论安全感知对主效应的正向调节作用和风险感知对主效应的负向调节作用。测量投资者安全感知的评论数和进展更新数两个变量都是随个体和时间而变的变量，而测量风险感知的最低投资额和融资期限两个变量仅和个体有关。故二者对主效应的调节模型略有不同，如式(2.2)和式(2.3)所示。

安全感知调节模型

$$y_{it}=\alpha\chi_{it-1}+\beta M_{it}+\delta M_{it}\chi_{it-1}+\mu_{it}+\varepsilon_{i} \tag{2.2}$$

式中 M_{it}—— 随个体和时间而变的安全感知调节变量；

$M_{it}\chi_{it-1}$—— 调节变量和自变量的交互项；

α, β, δ—— 待估参数。

风险感知调节模型

$$y_{it}=\alpha\chi_{it-1}+\beta W_{i}+\delta W_{i}\chi_{it-1}+\mu_{it}+\varepsilon_{i} \tag{2.3}$$

式中 W_{t}—— 随只随项目个体而变的风险感知调节变量；

$W_{t}\chi_{it-1}$—— 调节变量和自变量的交互项；

α, β, δ—— 待估参数。

(三) 回归分析

1. 主效应回归分析

根据目标梯度效应,当接近行为主体越接近目标时,其采取行为达成目标的动机越强烈。故假设 H1 认为,当融资绩效接近 100%时,投资者参与项目的动机较为强烈,更有可能促使参与行为的发生。同时,根据马太效应"强者愈强,弱者愈弱",强者本身拥有的累积优势会为其带来更多的机会和荣誉。故假设 H2 认为,超额完成融资的项目更容易获得投资者青睐,其对投资者参与行为的正向影响较融资接近 100%时更为强烈。

因此,为了更好地验证假设 H1 和假设 H2,本研究将样本项目的融资进度划分为[0%, 40%),[40%, 80%),[80%, 100%),[100%, +∞)4 个维度放入回归模型进行回归分析。回归结果如表 2.4 所示。

表 2.4　线性回归 1

变量	模型 1	模型 2	模型 3	模型 4
控制变量				
累计支持者人数	1.234***	1.178***	1.191***	1.067***
累计关注者人数	0.918	0.967*	0.868*	0.891**
自变量				
[0%, 40%)	1.074			
[40%, 80%)		1.191**		
[80%, 100%)			1.093***	
[100%, +∞)				1.253***

注:* $P<0.05$; ** $P<0.01$; *** $P<0.001$。

从表 2.4 中可以看出,不同维度的融资绩效对参与行为的影响程度不同。当融资绩效处于[0, 40%)时,系数值为正但不显著;当融资绩效处于[40%, 80%),系数值为正且显著;当融资绩效处于[80%, 100%),系数值为正且显著性提高;当融资绩效处于[100%, +∞),系数值为正且显著性高。通过以上数据对比,可知假设 H1 和假设 H2 成立。

为进一步验证假设 H2 成立,结合本文对[100%, +∞)维度的变量再度进行细分,划分为[100%, 200%),[200%, 300%),[300%, 400%),[400%, +∞)4 个维度进行验证。

回归结果如表 2.5 所示，超额绩效表现的 4 个维度对应的系数为正且均显著。由此进一步证明，超额融资绩效对投资者参与行为的正向影响更加显著。

表 2.5　线性回归 2

变量	模型 1	模型 2	模型 3	模型 4
控制变量				
累计支持者人数	1.271***	1.256***	1 254***	1.179***
累计关注者人数	0.885**	0.878**	0.843**	0.867**
自变量				
[100%, 200%)	1.226***			
[200%, 300%)		1.184***		
[300%, 400%)			1.229***	
[400%, +∞)				1.213***

注：* $P<0.05$；** $P<0.01$；*** $P<0.001$。

2. 调节效应回归分析

根据信号理论，在众筹过程当中众筹平台和发起人为使投资者更加全面地了解项目质量，通常会在众筹平台中主动公布某些项目信息以供投资者参考。根据不同信息传递的内容，将这些信号带给投资者的感知分为安全感知和风险感知两大类。众筹的参与者多数是持有小额闲置资金的普通大众，其风险承担能力较低，故风险偏好较低。所以，投资者对安全感知较高和风险感知较低的项目更加感兴趣。由此，提出假设 H3 和假设 H4，即当投资者安全感知较高、风险感知较低的情况下，接近 100%的融资进度和超额绩效表现对投资者参与行为的正向影响更加显著。本研究选取项目的评论数和进展更新数作为投资者安全感知的测量变量，选取项目设置的最低投资额和融资期限作为投资者风险感知的测量变量。

根据研究假设，主要对样本融资进度达到 80%以上的项目数据做回归分析。同时，以 100%为分界点，进一步将样本项目融资绩效划分为[80%, 100%)，[100%, +∞)2 个维度进行分析。针对每个维度的数据，分别分析了 7 个模型。模型 1 对控制变量和调节变量进行回归分析，模型 2 在模型 1 的基础上加入自变量进行回归分析，模型 3 到模型 6 在模型 2 的基础上依次分别加入自变量和调节变量的交互项进行回归分析，模型 7 则分析全模型。针对融资进度介于[80%, 100%)的回归分析结果如表 2.6 所示；针对融资进度介于[100%, +∞)的回归分析结果如表 2.7 所示。

表 2.6　[80%，100%)维度回归分析

变量	模型 1	模型 2	模型 3	模型 4	模型 5	模型 6	模型 7
累计支持者人数	1.165***	1.192***	1.109***	1.124***	1.108***	1.071***	1.104***
累计关注者人数	0.845**	0.889**	0.827**	0.831***	0.822**	0.814**	0.828**
评论数	0.273**	0.281**	0.270**	0.320***	0.297**	0.287**	0.292**
进展更新数	0.644***	0.647***	0.686***	0.698***	0.632***	0.690***	0.667***
最低投资额	−0.232***	−0.236***	−0.237***	−0.229***	−0.231***	−0.233***	−0.228***
融资期限	−0.164*	−0.172*	−0.168*	−0.169*	−0.167*	−0.171*	−0.169*
[80%，100%)		1.191***	1.172***	1.166***	1.103***	1.145***	1.161***
评论数×[80%，100%)			0.096*				0.109*
进展更新数×[80%，100%)				0.175***			0.182***
最低投资额×[80%，100%)					−0.089**		−0.087**
融资期限×[80%，100%)						−0.078*	−0.080*

注：* $P<0.05$；** $P<0.01$；*** $P<0.001$。

表 2.7 [100%，+∞)维度回归分析

变量	模型 1	模型 2	模型 3	模型 4	模型 5	模型 6	模型 7
累计支持者人数	1.143***	1.113***	1.109***	1.179***	1.156***	1.163***	1.134***
累计关注者人数	0.857**	0.838***	0.887**	0.831***	0.851***	0.842**	0.823**
评论数	0.324**	0.362**	0.339**	0.320***	0.387**	0.297**	0.322**
进展更新数	0.687***	0.634***	0.614***	0.658***	0.611***	0.609***	0.627***
最低投资额	−0.238***	−0.222***	−0.237***	−0.229***	−0.231***	−0.239***	−0.232***
融资期限	−0.166*	−0.172*	−0.173*	−0.174*	−0.167*	−0.175*	−0.172*
[100%，+∞)		1.282***	1.221***	1.265***	1.291***	1.209***	1.277***
评论数×[100%，+∞)			0.156*				0.139*
进展更新数×[100%，+∞)				0.198***			0.192***
最低投资额×[100%，+∞)					−0.081**		−0.085**
融资期限×[100%，+∞)						−0.085*	−0.092*

注：* $P<0.05$；** $P<0.01$；*** $P<0.001$。

假设 H3a 认为当项目收到的评论数量越多时，接近 100％的融资进度对投资者参与行为的正向影响越显著。表 2.6 中模型 3 的数据显示，评论数和融资进度的交互项对参与行为的系数为正且显著（$b=0.096$，$P<0.05$）。因此，假设 H3a 成立。

假设 H3b 认为当项目收到的评论数量越多时，超额绩效表现对投资者参与行为的正向影响越显著。表 2.7 中模型 3 的数据显示，评论数和融资进度的交互项对参与行为的系数为正且显著（$b=0.156$，$P<0.05$）。因此，假设 H3b 成立。

调节效应如图 2.5、图 2.6 所示。

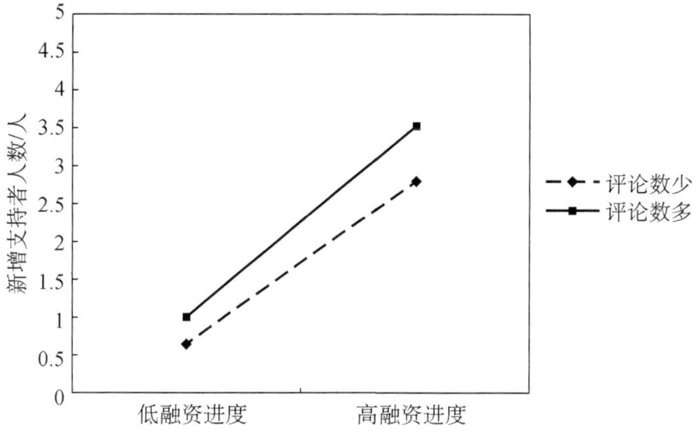

图 2.5　[80%，100%)维度评论数的调节作用

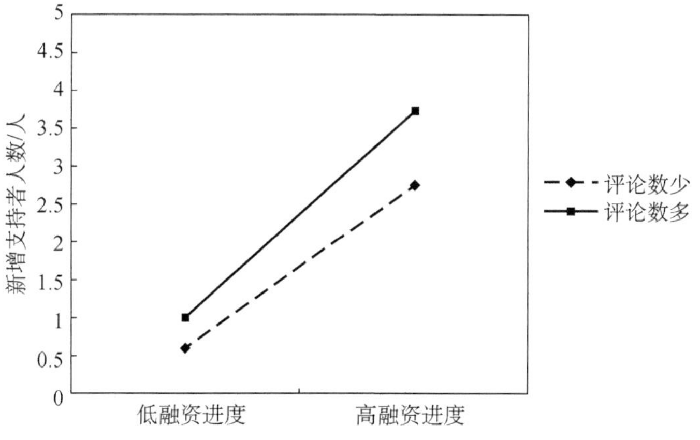

图 2.6　[100%，+∞)维度评论数的调节作用

假设 H3c 认为当项目的进展更新次数越多时，接近 100%的融资进度对投资者参与行为的正向影响越显著。表 2.6 中模型 4 的数据显示，进展更新数和融资进度的交互项对参与行为的系数为正且显著($b=0.175$, $P<0.001$)。因此，假设 H3c 成立。

假设 H3d 认为当项目的进展更新次数越多时，超额绩效表现对投资者参与行为的正向影响越显著。表 2.7 中模型 4 的数据显示，进展更新数和融资进度的交互项对参与行为的系数为正且显著($b=0.198$, $P<0.001$)。因此，假设 H3d 成立。

调节效应如图 2.7、图 2.8 所示。

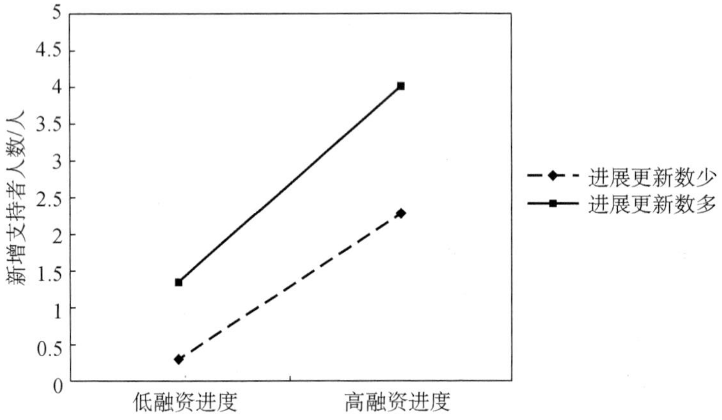

图 2.7 [80%, 100%)维度项目进展更新次数的调节作用

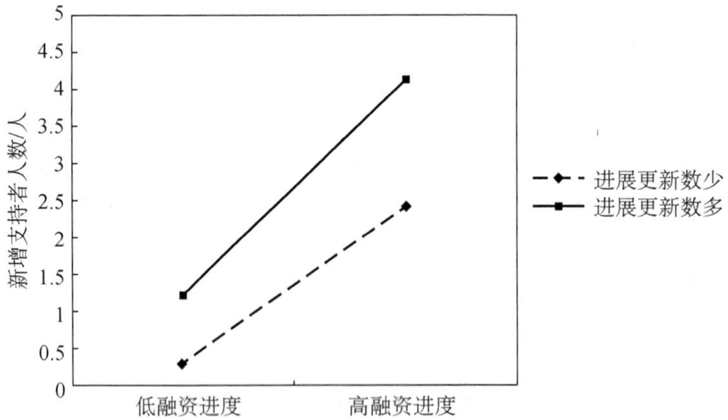

图 2.8 [100%, +∞)维度项目进展更新次数的调节作用

假设 H4a 认为当项目设置的最低投资额较低时，接近 100%的融资进度对投资者参与行为的正向影响越显著。表 2.6 中模型 5 的数据显示，最低投资额和融资进度的交互项对参与行为的系数为负且显著($b=-0.039$，$P<0.01$)。因此，假设 H4a 成立。

假设 H4b 认为当项目设置的最低投资额较低时，超额绩效表现对投资者参与行为的正向影响越显著。表 2.7 中模型 5 的数据显示，最低投资额和融资进度的交互项对参与行为的系数为负且显著($b=-0.031$，$P<0.01$)。因此，假设 H4b 成立。

调节效应如图 2.9、图 2.10 所示。

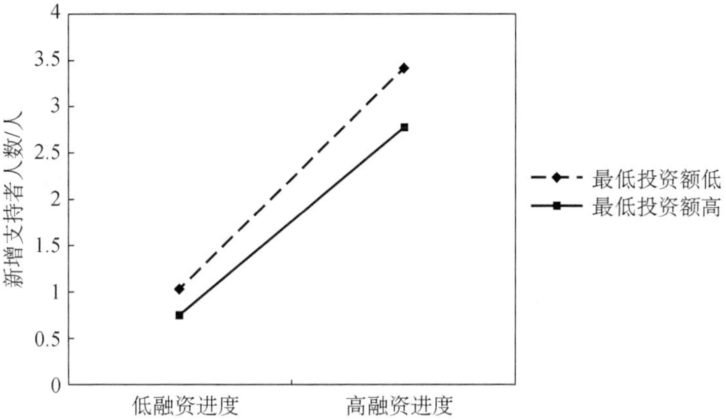

图 2.9　[80%，100%)维度项目最低投资额的调节作用

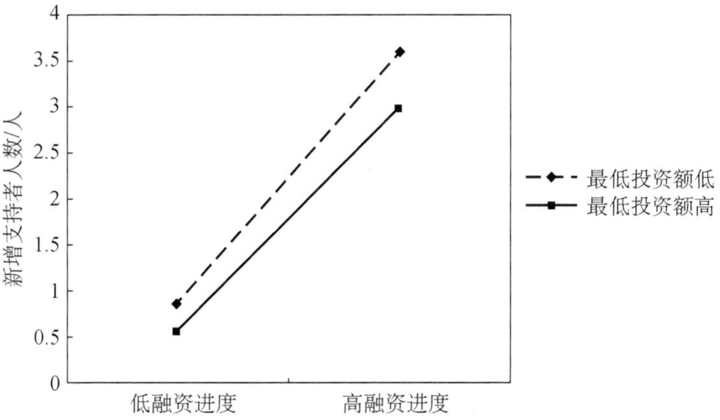

图 2.10　[100%，+∞)维度项目最低投资额的调节作用

假设 H4c 认为当项目设置的融资期限越短时，接近 100%的融资进度对投资者参与行为的正向影响越显著。表 2.6 中模型 6 的数据显示，融资期限和融资进度的交互项对参与行为的系数为负且显著($b=-0.018$，$P<0.05$)。因此，假设 H4c 成立。

假设 H4d 认为当项目设置的融资期限越短时，超额绩效表现对投资者参与行为的正向影响越显著。表 2.7 中模型 6 的数据显示，融资期限和融资进度的交互项对参与行为的系数为负且显著($b=-0.025$，$P<0.05$)。因此，假设 H4d 成立。

调节效应如图 2.11、图 2.12 所示。

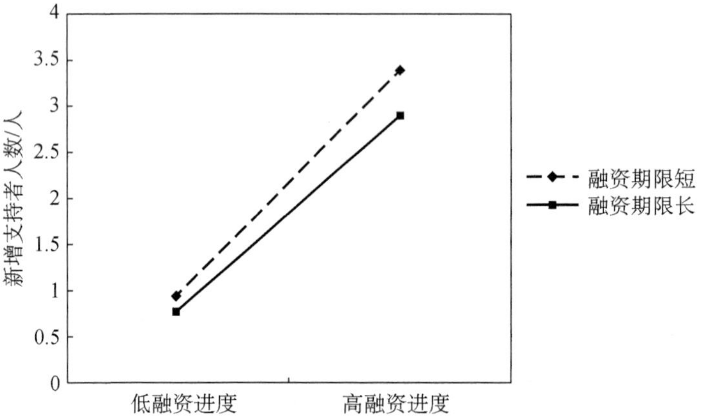

图 2.11 [80%，100%)维度项目融资期限的调节作用

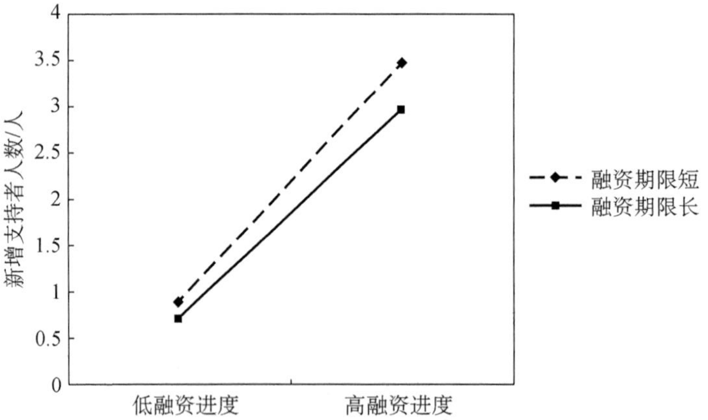

图 2.12 [100%，+∞)维度项目融资期限的调节作用

（四）稳健性分析

当融资期限接近尾声时，但有些项目融资进度还差 10%～20%未达到目标额，此时项目发起人为获得已经筹集到的资金，可能会采取不良操作，即以亲朋好友或其他人的名义为自己的项目投资，以使项目在融资期限结束前达到目标额。为排除这种情况对本研究的影响，对项目最终融资绩效介于[100%，110%]且在融资期限倒数 5 天内达到该区间的样本进行删除，余下 187 个样本，6 541 条数据。将这些样本数据再进行回归分析。

1. 主效应

根据表 2.8 的数据，当融资进度处于[0，40%)，系数值为正；当融资绩效处于[40%，80%)，系数值为正且显著；当融资进度处于[80%，100%)，系数值为正且显著；当融资进度处于[100%，+∞)，系数值为正且显著。因此，假设 H1 和假设 H2 仍然成立。

表 2.8　线性回归

变量	模型 1	模型 2	模型 3	模型 4
控制变量				
累计支持者人数	1.233***	1.176***	1.190***	1.068***
累计关注者人数	0.916	0.968*	0.869*	0.890**
自变量				
[0%，40%)	1.073			
[40%，80%)		1.191**		
[80%，100%)			1.092***	
[100%，+∞)				1.253***

注：* $P<0.05$；** $P<0.01$；*** $P<0.001$。

2. 调节效应

根据表 2.9 中的数据，当融资进度处于[80%，100%)，评论数与融资进度交互项的系数值为正且显著；进展更新数与融资进度交互项的系数值为正且显著；最低投资额与融资进度交互项的系数值为负且显著；融资期限与融资进度交互项的系数值为负且显著。因此，假设 H3a、假设 H3c、假设 H4a、假设 H4c 仍然成立。

根据表 2.10 中的数据，当融资绩效处于[100%，+∞)，评论数与融资进度交互项的系数值为正且显著；进展更新数与融资进度交互项的系数值为正且显著；最低投资额与融资进度交互项的系数值为负且显著；融资期限与融资进度交互项的系数值为负且显著。因此，假设 H3b、假设 H3d、假设 H4b、假设 H4d 仍然成立。

表 2.9 [80%，100%)维度回归分析

变量	模型 1	模型 2	模型 3	模型 4	模型 5	模型 6	模型 7
累计支持者人数	1.165***	1.193***	1.108***	1.123***	1.108***	1.070***	1.104***
累计关注者人数	0.845**	0.888**	0.827**	0.830***	0.822**	0.813**	0.829**
评论数	0.272**	0.281**	0.269**	0.321***	0.297**	0.286**	0.292**
进展更新数	0.644***	0.646***	0.687***	0.699***	0.631***	0.690***	0.666***
最低投资额	−0.232***	−0.236***	−0.236***	−0.229***	−0.230***	−0.233***	−0.228***
融资期限	−0.164*	−0.171*	−0.168*	−0.169*	−0.168*	−0.170*	−0.169*
[80%，100%)		1.191***	1.171***	1.166***	1.102***	1.145***	1.171***
评论数×[80%，100%)			0.095*				0.109*
进展更新数×[80%，100%)				0.175***			0.180***
最低投资额×[80%，100%)					−0.090**		−0.087**
融资期限×[80%，100%)						−0.078*	−0.079*

注：* $P<0.05$；** $P<0.01$；*** $P<0.001$。

表 2.10 [100%，+∞)维度回归分析

变量	模型 1	模型 2	模型 3	模型 4	模型 5	模型 6	模型 7
累计支持者人数	1.142***	1.113***	1.110***	1.178***	1.160***	1.1632***	1.135***
累计关注者人数	0.858**	0.838***	0.888**	0.831***	0.850***	0.842**	0.824**
评论数	0.324**	0.363**	0.340**	0.320***	0.387**	0.298**	0.323**
进展更新数	0.687***	0.634***	0.615***	0.658***	0.610***	0.609***	0.627***
最低投资额	−0.239***	−0.222***	−0.237***	−0.229***	−0.230***	−0.239***	−0.233***
融资期限	−0.166*	−0.172*	−0.174*	−0.174*	−0.168*	−0.175*	−0.172*
[100%，+∞)		1.281***	1.220***	1.265***	1.290***	1.209***	1.276***
评论数×[100%，+∞)			0.155*				0.138*
进展更新数×[100%，+∞)				0.198***			0.194***
最低投资额×[100%，+∞)					−0.083**		−0.085**
融资期限×[100%，+∞)						−0.085*	−0.090*

注：* $P<0.05$；** $P<0.01$；*** $P<0.001$。

(五) 分析结果汇总

本文研究假设验证结果的简要汇总如表 2.11 所示。

表 2.11 结果汇总

假设编号	假设内容	结果
H1	接近 100%的融资进度对投资者参与行为具有显著的正向影响	成立
H2	超额绩效表现对投资者参与行为具有显著正向影响	成立
H3a	评论数量越多时,接近 100%的融资进度对投资者参与行为的正向影响越显著	成立
H3b	评论数量越多时,超额绩效表现对投资者参与行为的正向影响越显著	成立
H3c	进展更新次数越多,接近 100%的融资进度对投资者参与行为的正向影响越显著	成立
H3d	进展更新次数越多,超额绩效表现对投资者参与行为的正向影响越显著	成立
H4a	最低投资额设置的越低,接近 100%的融资进度对投资者参与行为的正向影响越显著	成立
H4b	最低投资额设置的越低,超额绩效表现对投资者参与行为的正向影响越显著	成立
H4c	融资期限设置的越短,接近 100%的融资进度对投资者参与行为的正向影响越显著	成立
H4d	融资期限设置的越短,超额绩效表现对投资者参与行为的正向影响越显著	成立

三、小结

本节包含数据描述和数据分析。数据描述部分对本研究的样本选择进行了简单介绍,确保用于回归分析的数据具有准确性和合理性。数据分析部分主要是对上文假设进行验证,数据的回归结果表明:

(1) 接近 100%的融资绩效和超额绩效对投资者参与行为具有显著正向影响。

(2) 投资者安全感知正向调节融资进度对投资者参与行为的正向影响。

(3) 投资者风险感知负向调节融资进度对投资者参与行为的正向影响。

第 5 节　研究结论与展望

本章以众筹为研究对象，探讨融资进度对投资者参与行为的影响。通过整理以往研究结果，恰当引用其他领域的理论，提出了研究模型和假设。然后，通过八爪鱼采集京东众筹平台上的数据用于实证检验。本节将对以上研究进行总结，提出本研究存在的不足之处以及对未来研究进行展望。

一、研究结论

本研究在归纳整理以往研究的基础上，发现探讨融资进度和投资者参与行为之间关系的研究较少，结合众筹过程的实际情况，提出研究模型和假设。首先，根据目标梯度效应理论，研究接近 100％的融资绩效与众筹参与行为之间的关系。然后，根据马太效应，研究超额绩效表现对投资者参与行为的影响。最后，根据信号理论，用评论数和进展更新数来评估投资者的安全感知，用发起人设置的最低投资额和融资期限评估投资者的风险感知，分别验证安全感知和风险感知所起的调节作用。以京东众筹平台 2017 年 12 月到 2018 年 3 月上线且融资成功的项目作为样本数据进行回归分析得出以下结论。

(1) 众筹融资进度对投资者参与行为具有显著影响。通过将样本数据按照项目融资进度划分为[0％，40％)，[40％，80％)，[80％，100％)，[100％，＋∞) 4 个维度并分别进行回归分析。数据分析结果表明，处于[80％，100％)的变量对应的系数为正，且系数显著性明显高于处于[0％，40％)和[40％，80％)之间变量的系数。因此，接近 100％的融资进度对投资者参与行为有显著的正向影响。

同时，数据分析结果显示，处于[100％，＋∞)之间的融资进度对因变量新增支持者人数的系数为正且显著，数值明显大于处于[80％，100％)的变量对应的系数。因此，超过 100％的融资绩效对投资者参与行为有显著正向影响，且影响程度明显大于接近 100％融资绩效带来的影响。

(2) 投资者的安全感知正向调节融资进度对投资者参与行为的影响，投资者的风险感知负向调节融资进度对投资者参与行为的影响。本研究将众筹平台上项目的评论数和发起人公布的项目进度次数作为评估投资者安全感知的变量，即当评论数和进展更新的次数越多时，投资者对此项目的安全感知越高，反之越低。根据研究假设，选取融资进度达到 80%以后的样本数据用作回归分析，又进一步将这部分数据按照融资进度划分为[80%，100%)和[100%，+∞)两个维度进行回归分析。回归分析结果表明，评论数和融资进度交互项以及进展更新数和融资进度交互项的系数均为正且显著。因此，在评论数和进展更新数越多的情况下，接近 100%的融资进度和超额融资进度对投资者参与行为的正向影响越显著，即安全感知在融资进度对投资者参与行为的影响中起正向调节作用。

(3) 本研究将项目发起人为项目设置的最低投资额和融资期限作为评估投资者风险感知的变量，即当最低投资额和融资期限设置得越低时，投资者对此项目的风险感知越低，反之越高。数据分析结果表明，项目最低投资额和融资进度交互项以及项目融资期限和融资进度交互项的系数均为负且显著。因此，在最低投资额和融资期限设置得越低的情况下，接近 100%的融资进度和超额融资进度对投资者参与行为的正向影响越显著，即风险感知在融资进度对投资者参与行为的影响中起负向调节作用。

二、研究贡献

(一) 理论贡献

本研究的理论贡献主要有以下几点。

第一，以往研究从多角度出发探讨了项目融资绩效和投资者参与行为的影响因素，加深了对众筹机理的认知。但是，以往研究忽视了融资绩效和投资者参与行为之间所具有的天然联系，这种忽视不利于全面了解众筹机理。本研究从众筹融资过程的实际情况出发，结合以往研究结果，提出融资绩效对投资者参与行为具有显著影响的研究模型，填补了以往研究未将二者结合起来进行探讨的空白。

第二，本研究完善了对众筹投资者参与行为影响因素的分析。参与众筹的项目类型主要为创新型产品或服务，因而项目本身具有较高的不可预测性和风险性。根据行为学理论，众筹行为产生的根源在于动机。动机又进一步分为内部动机和外部动机，内部动机主要指投资者对项目本身感兴趣或者参与该项目能满足某种特定的心理需求，外部动机主要指参与项目带来的经济报酬。本研究认为，项目当前融资进度对投资者参与行为动机的产生具有一定影响。项目当前融资进度越高越容易引发投资者的参与动机，包括内部动机和外部动机，完善了众筹领域投资者参与行为影响因素的分析。

第三，本研究将目标梯度效应理论和马太效应理论引入众筹领域，推动了二者的文献研究工作。目标梯度效应理论和马太效应理论提出的时间相对较早，理论发展较成熟，被广泛应用到多个领域。众筹作为一种新兴的商业模式，正处于高速成长期，理论研究方面有待完善。目前与众筹研究相关的理论主要有信号理论、羊群效应理论和责任扩散效应理论。本研究提出将目标梯度效应理论和马太效应理论引入众筹领域，不仅丰富了与众筹相关的理论研究，还进一步推动了两者的文献研究工作。

（二）实践贡献

本研究的实践贡献主要有以下几点。

首先，接近100%的融资进度和超额绩效表现对投资者参与行为具有正向影响。对项目发起人而言，应尽最大努力尽快提高融资进度以获得更多的资金支持，方法例如加大项目的宣传力度，着重凸显项目亮点以及全面优化项目界面设置等。对于众筹投资者而言，需要时刻对自己的投资行为保持理性，以做出正确的投资判断。

其次，投资者安全感知正向调节融资进度对投资者参与行为具正向影响。根据信号理论，项目发起人应该积极主动向投资者传递有关项目质量的信息，提高投资者的安全感知。本研究选取评论数和项目进展更新次数来测量投资者的安全感知，因此项目发起人要积极参与项目讨论，及时回答投资者在社区讨论平台提出的问题。同时，项目发起人还应该积极主动更新项目的进展情况，加深投资者对项目的了解程度，提高投资者安全感知，从而促进更多的潜在投资者参与项目，以提高融资绩效。

最后，投资者的风险感知负向调节融资进度对投资者参与行为具正向影响。同理，根据信号理论，项目发起人应该采取一切措施降低投资者的风险感知。本研究选取项目设置的最低投资额和融资期限来衡量投资者的风险感知，且二者设置越高投资者风险感知越高。因此，项目发起人应该在尽可能低的水平上设置项目最低投资额和项目融资期限，降低投资者风险感知，从而促进更多的投资者参与到项目中来，以提高融资绩效。

三、研究局限与未来展望

本节在系统回顾以往研究的基础上，基于相关理论构建了研究模型，并通过收集我国众筹项目的相关数据对研究模型和假设进行了实证检验。尽管研究问题和内容具有创新性，但是受限于数据的可得性、理论的完整性和研究篇幅仍存在着一些局限和不足，这些局限和不足也正是未来研究努力的方向。

第一，本节选取国内发展相对成熟的产品众筹作为研究对象对研究假设进行验证。研究结果表明，这些假设在产品众筹过程中均成立。但是，研究假设在股权众筹、债权众筹和捐赠众筹中是否仍然成立不得而知。股权众筹、债权众筹和捐赠众筹在我国发展较为缓慢，相关的法律制度还不健全，且与众筹相关的信息较难获取。因此，限于其发展情况和数据的可得性，本研究未对此三类众筹进行研究假设检验。随着国内众筹的发展、相关法律法规的健全以及相关信息公开程度的提高，未来可从以上三类众筹对本研究结论做进一步验证。

第二，本节以国内众筹平台作为样本数据来源对研究模型和假设进行检验，检验结果表明所有假设均成立。但是，已有研究表明不同的社会文化对投资者的参与行为也会有所影响。本节提出的研究假设在国外众筹过程中是否也成立不得而知。因此，未来可对国外众筹融资进度与投资者参与行为之间的关系做进一步探讨。

第三，本节选取项目每天新增的支持者人数作为因变量测量投资者的参与行为，对参与的“量”进行了测量，但没有对投资者具体的投资额进行测量，即忽视了“值”。限于当前众筹平台公开的信息，只能获得每天新增的支持者人数，不能获取与新增投资者具体投资额相关的信息。因此，未来关于融资进度对投资者参与投资数值的影响有待做进一步研究。

第四，本节选取评论数和进展更新数测量投资者的安全感知，选取发起人为项目设置的最低投资额和融资期限测量投资者的风险感知对研究模型进行验证，具有一定的依据。但是，投资者的安全感知和风险感知是多个因素相互作用的结果，仅用两个变量来衡量过于单薄。因此，未来研究可根据具体情况选取多个变量对投资者安全感知和风险感知进行衡量，以验证二者在融资进度和投资者参与行为之间所起的调节作用。

第五,本节依据目标梯度效应理论、马太效应理论和信号理论提出研究假设,其中信号理论在众筹领域的应用已经非常普遍,并得到了多数学者的认同,而关于目标梯度效应和马太效应理论被应用到众筹领域的研究相对较少。因此,后续学者可对目标梯度效应和马太效应在众筹领域的应用研究做进一步完善。

参考文献

卞娜,马连福,高丽.基于投资者关系的投资者行为国外理论研究综述[J].管理学报,2013,10(7):1086-1092.

常静,杨建梅,欧瑞秋.大众生产者的参与动机研究评述[J].科学管理研究,2009,(5):423-425.

陈娟娟,张亚斌,尹筑嘉.众筹市场投资者行为变化研究——基于众筹平台“众筹网”的经验证据[J].中国软科学,2017(9):141-153.

范家琛.众筹商业模式研究[J].企业经济,2013(8):72-75.

范晓屏,陈韶文.信息不对称下销售者信号传递的策略选择[J].企业经济,2002(7):83-85.

高阳,李东.公益众筹项目中个人动机对支持意愿的影响研究[J].工业工程与管理,2017,22(6):135-141.

何亚娟.从“马太效应”看我国高等教育的不均衡发展[D].西安:陕西师范大学,2008.

江伟,曾业勤.金融发展、产权性质与商业信用的信号传递作用[J].金融研究,2013(6):89-103.

李思宇.中国经济的“马太效应”分析[J].时代金融,2013(526):111.

刘志迎,石磊,马朝良,等.众筹融资绩效影响因素研究——基于文献综述的视角[J].科学学与科学技术管理,2016,37(11):117-127.

孟韬,张黎明,董大海.众筹的发展及其商业模式研究[J].管理现代化,2014(2):50-53.

王根顺.发展西部高等教育的战略思考[J].教育研究,2001(9):45-48.

王彦杰.众包社区用户持续参与行为实证研究[D].大连:大连理工大学,2010.

王正沛.基于期望确认理论的奖励众筹用户持续参与意愿研究[J].软科学,2018,32(10):135-139.

魏可新.大众参与众筹行为影响因素的实证研究[D].杭州:浙江财经大学,2013.

杨波.大规模定制产品开发中的领先用户识别与参与行为研究[D].重庆:重庆大学,2011.

杨茂庆.美国研究型大学的教师流动研究[D].重庆:西南大学,2011.

张媛.大众参与众包的行为影响因素——基于威客模式的实证研究[D].大连:东北财经大学,2011.

郑海超,黄宇梦,王涛,等.创新项目股权众筹融资绩效的影响因素研究[J].中国软科学,2015(1):130-138.

AGRAWAL A, CATALINI C, GOLDFARB A. Crowdfunding: geography, social networks, and the timing of investment decisions[J]. Journal of Economics & Management Strategy, 2015, 24(2): 253-274.

AJZEN I. Perceived behavioral control, self efficacy, locus of control, and the theory of planned behavior[J]. Journal of Applied Social Psychology, 2001(32): 665-683.

AKERLOF G. The Market for "Lemons": the quality of uncertainty and the market mechanism[J]. Quarterly Journal of Economics, 1970, 84(3): 488-500.

ALLISON T H, DAVIS B C, SHORT J C, et al. Crowdfunding in a prosocial microlending environment: Examining the role of intrinsic versus extrinsic cues[J]. Entrepreneurship Theory and Practice, 2015, 39(1): 53-73.

BEAULIEU T, SARKER S. A conceptual framework for understanding crowdfunding[J]. Communications of the Association for Information Systems, 2015, 37(1): 1-31.

BELK R W, COON G S. Gift giving as agapic love: an alternative to the exchange paradigm based on dating experiences[J]. Journal of Consumer Research, 1993, 20(3): 393-417.

BELLEFLAMME P, LAMBERT T, SCHWIENBACHER A. Crowdfunding: an industrial organization perspective[Z]. Perpared for the workshop Digital Business Models: Understanding Strategies, holed on Pairs on June, 2010:25-26.

BELLEFLAMME P, LAMBERT T, SCHWIENBACHER A. Crowdfunding: tapping the right crowd[J]. Journal of Business Venturing, 2014, 29(5): 585-609.

BENKLER Y. Commons based peer production and virtue[J]. The Journal of Political Philosophy, 2006(14): 394-402.

BHATTACHARYA S. Imperfect information, dividend policy, and "The Bird in the Hand" fallacy[J]. Bell Journal of Economics, 1979, 10(1): 259-270.

BRABHAM D. Moving the crowd at istockphoto: the composition of the crowd and motivations for participation in a crowdsourcing application[J]. First Monday, 2008, 13(6): 84-95.

CHEEMA A, BAGCHI R. Goal visualization and goal pursuit: implications for individuals and managers[J]. Journal of Marketing, 2011, 75(3): 109-123.

CHING I T. Strengthening loyalty of online gamers: goal gradient perspective[J]. International Journal of Electronic Commerce, 2017, 21(1): 128-147.

COLEMAN J S. Social capital in the creation of human capital[J]. American Journal of Sociology, 1988(94): 95-120.

CYNTHIA E C, GEORGE L, HOWARD S. Goal gradient in helping behavior[J]. Journal of Experimental Social Psychology, 2013(49): 1078-1083.

DAN B, DOUGLAS A, ROBERTSON F. Testing dividend signaling models[J]. Journal of Empirical Finance, 2005, 12(1): 77-98.

DUNN E W, AKNIN L B, NORTON M I. Spending money on others promotes happiness [J]. Science, 2008, 319(5870), 1687-1688.

FÖRSTER J, HIGGINS E T, IDSON L C. Approach and avoidance strength during goal attainment: regulatory focus and the "Goal looms larger effect"[J]. Journal of Personality and Social Psychology, 1998(75): 1115-1131.

GERBER E, HUI J, KUO P Y. Crowdfunding: why people are motivated to post and fund projects on crowdfunding platforms[C]. Conference: Computer Supported Cooperative Work, 2012.

GERBER EM, HUI J. Crowdfunding: motivations and deterrents for participation[J]. ACM Transactions on Computer Human Interaction, 2013, 20(6): 30-32.

GERSTNER E. Do higher prices signal higher quality? [J]. Journal of Marketing Research, 1985, 22(2): 209-215.

GIUDICI G, GUERINI M, ROSSILAMASTRA C. Why crowdfunding projects can succeed: the role of proponent's individual and territorial social capital[J]. Ssrn Electronic Journal, 2013, 34(6): 178-202.

HEILIZER F. A review of theory and research on the assumptions of Miller's response competitions models: response gradients. J. Gen. Psychol. 1977, 97(1): 17-71.

HEMER J. A snapshot on crowdfunding[R]. Waischenfeld: ISI Working Papers Firms R2/2011, 2011.

HO H Y, LIN P C, LU M H. Effects of online crowdfunding on consumers' perceived value and purchase intention[J]. Anthropologist, 2014, 17(3): 837-844.

UI J S, GERBER E, GREENBERG M, easy money? The demands of crowdfunding work [R]. Evanston: Northwestern University, Segal Design Institute, Technical Report No. 4, 2012.

HULL C. The goal gradient hypothesis and maze learning[J]. Psychology Review, 1932, 39(1): 25-43.

HULL C. The rat's speed of locomotion gradient in the approach to food. Journal of Comparative Psychology. 1934, 17(3): 393-422.

JAKOB D, JENSEN A J, KING N C. Driving toward a goal and the goal gradient hypothesis: the impact of goal proximity on compliance rate, donation size, and fatigue[J]. Journal of Applied Social Psychology, 2013, 43(9): 1881-1895.

JOHN K, WILLIAMS J. Dividends, dilution, and taxes: a signalling equilibrium[J]. Journal of Finance, 1985, 40(4): 1053-1070.

KIVETZ R, URMINSKY O, ZHENG Y. The goal gradient hypothesis resurrected: purchase acceleration, illusionary goal progress, and customer retention[J]. Journal of Marketing Research, 2006, 43(1): 39-58.

KOO M, FISHBACH A. The small area hypothesis: effects of progress monitoring on goal adherence[J]. Journal of Consumer Research, 2012, 39(3): 493-509.

KUPPUSWAMY V, BAYUS B L. Crowdfunding creative ideas: the dynamics of Project Backers in Kickstarter[R]. Ashville: UNC Kenan-Flagler Research Paper No. 2013-15, 2015.

KUPPUSWAMY V, BAYUS B L. Does my contribution to your crowdfunding project matter? [J]. Journal of Business Venturing, 2017, 32(1): 72-89.

LAKHANI K, JEPPESEN L, LOHSE P. The value of openness in scientific problem solving [Z]. Harvard Business School Working Paper, 2007.

LAMBERT T, SCHWIENBACHER A. An impirical analysis of crowdfunding[J]. SSRN Electronic Journal, 2010(5):1-23.

LI E, ROCKLOFF M J, BROWNE M, et al. Jackpot structural features: rollover effect and goal-gradient effect in EGM gambling[J]. Journal of Gambling Studies, 2016, 32(2):707-720.

LIN M, VISWANATHAN S. Home bias in online investments: an empirical study of an online crowdfunding market[J]. Management Science, 2015, 62(5):1393-1414.

MEIER S, STUTZER A. Is volunteering rewarding in itself[J]. Economica, 2008(75): 39-59.

MILLER D T, GUNASEGARAM S. Temporal order and the perceived mutability of events: Implications for blame assignment[J]. Journal of Personality and Social Psychology, 1990, 59(6): 1111-1118.

MOLLICK E. The dynamics of crowdfunding: An exploratory study[J]. Journal of Business Venturing, 2014, 29(1): 1-16.

MORTON R. The matthew effect in science: research on awards and academic communication [J]. Science, 1968(159): 345-367.

NELSON P. Advertising as Information.[J]. Journal of Political Economy, 1974, 82(4): 729-754.

ORDANINI A, MICELI L, PIZZETTI M, et al. Crowd funding: transforming customers into investors through innovative service platforms[J]. Journal of Service Management, 2011, 22(4): 443-470.

PITSCHNER S, PITSCHNER FINN S. Non profit differentials in crowd based financing:

evidence from 50 000 campaigns[J]. Economics Letters，2014，123(3)：391-394.

RAO H，XU A，YANG X，et al. Emerging dynamics in crowdfunding campaigns[C]. College Park：International Conference on Social Computing，Behavioral Cultural Modeling，and Prediction，Springer International Publishing，2014.

ROBERTS A，ILHORNHAN N，SANDRA A S. Understanding the motivations，participation，and performance of open source software developers：a longitudinal study of the apache projects[J]. Management Science，2006，52(7)：984-999.

RODIE A R，KLEINE S S. Customer participation in services production and delivery[C]. In Handbook of Services Marketing and Management，I.D. Swartz T A，Editor. 2000，Stage Publications，Inc.：California，111-126.

ROTHSCHILD M，STIGLITZ J. Equilibrium in competitive insurance markets：an essay on the economics of imperfect information[M]. Foundations of Insurance Economics. Springer Netherlands，1976.

RUBINTON B J. Crowdfunding：disintermediated investment banking[J]. Ssrn Electronic Journal，2011(4)：1-22.

RYAN R M，DECI E L. Intrinsic and extrinsic motivations：classic definitions and new directions[J]. Contemporary Educational Psychology，2000，25(1)：54-67.

SCHROER J，HERTEL G. Voluntary engagement in an open web-based encyclopedia：wikipedians and why they do it[J]. Media Psychology，2009，12(1)：96-120.

SCHWIENBACHER A，LARRALDE B. Crowdfunding of small entrepreneurial ventures[J]. Social Science Electronic Publishing，2010，67(3)：245-267.

SPENCE M. Job market signaling[J]. Quarterly Journal of Economics，1973，87(3)：355-374.

SRIVASTAVA J，MITRA A. Warranty as a signal of quality：the moderating effect of consumer knowledge on quality evaluations[J]. Marketing Letters，1998，9(4)：327-336.

TAE H S，SANG Y K，WOO L K. Developing an effective loyalty program using goal gradient behavior in tourism industry[J]. Journal of Travel & Tourism Marketing，2015，34(1)：70-81.

TENG C I，CHEN W W. Team participation and online gamer loyalty[J]. Electronic Commerce Research and Applications，2014，13(1)：24-31.

TING H. The effects of goal distance and value in escalation of commitment[J]. Current Psychology. 2011，30(1)：93-104.

VENKAT K，BARRY L B. Does my contribution to your crowdfunding project matter? [J]. Journal of Business Venturing，2017，32(1)：72-89.

WARD C, RAMACHANDRAN V. Crowdfunding the next hit: microfunding online experience goods[R]. Whistler: Workshop on Computational Social Science and the Wisdom of Crowds at NIPS2010, 2010.

WERNERFELT B. Umbrella branding as a signal of new product quality: an example of signalling by posting a bond[J]. Rand Journal of Economics, 1988, 19(3): 458-466.

WIENER J L. Are warranties accurate signals of product reliability? [J]. Journal of Consumer Research, 1985, 12(2): 245-250.

WOJCIECHOWSKI A. Models of charity donations and project funding in social network[C]. Berlin: OTM'09 Proceedings of the Confederated International Workshops and Posters on the Move to Meaningful Internet Systems, 2009.

XU A, YANG X, RAO H, et al, Show me the money! An analysis of project updates during crowdfundinmg campaigns[C]. New York: Proceeding of the SIGCHI Conference on Human Factors in Computing Systems, AMC, 2014.

YANG X, GU X, WANG Y, et al. The Matthew effect in China's science: evidence from academicians of Chinese Academy of Sciences[J]. Scientometrics, 2015, 102(3): 2089-2105.

ZHENG H, LI D, WU J, et al. The role of multidimensional social capital in crowdfunding: A comparative study in China and US[J]. Information & Management, 2014, 51(4): 488-496.

第 3 章

创业网络形成的决策逻辑：效果推理与因果推理的整合机制

第 1 节　引　　言

一、研究背景

在社会经济发展进入“新常态”的背景下,创业行为已经成为社会发展的不竭动力,对创业行为的鼓励和创业能力的培育成为新的社会热点。成熟的创业者在现存市场上可以根据传统的决策逻辑——因果推理(causation)进行创业决策,实施创业计划,逐步达成创业目标;而新创业者在创业初期面临环境不确定和资源不确定的双重挑战,因而在创业过程中产生了一些经典理论难以解释的特殊行为,如不强调制定目标、实施计划,而是从“我是谁”“我了解什么”“我认识谁”出发,通过试验的方式逐步尝试能够实现的结果。基于与传统因果推理不同逻辑的效果推理(effectuation)理论强调从既有资源出发,重点在于运用现有资源组合以创造尽可能好的结果。在传统的因果推理逻辑下,以“新产品”进入“新市场”的组合被认为是“自杀象限”,然而相当数量的伟大公司如通用电气、苹果等诞生于该区域,这就是效果推理发生的问题空间。效果推理作为与因果推理相对应的创业逻辑,为创业行为的研究提供了新思路。

创业到底是一个瞄准目标有的放矢的行为还是一个摸着石头过河的探索过程?经典理论重点强调制定目标、计划的重要性,然而在高度不确定性的时代,充满变化与未知的市场对踌躇满志却缺乏经验的创业者而言,计划往往比较困难。针对现实中存在的矛盾,效果推理理论的诞生为解释创业者行为提供了新的思路。效果推理理论诞生于 2001 年,发展时间较短,理论自身仍在完善中。目前国内外已有文献研究效果推理对创业的影响,但相关实证证据仍较为匮乏,且目前对效果推理与因果推理在创业过程中的共存和演化机制的研究更为不足。本研究的目的在于将效果推理理论、因果推理理论和实践证据进一步结合,为效果推理理论、因果推理理论对创业绩效的作用提供更为丰富的实证证据,探究二者影响创业绩效的作用机制和二者的共存机制,对效果推理理论的发展与完善做出有益补充并对创业者的创业策略与行为提出导向性建议。

二、研究意义

（一）理论意义

本章主要研究效果推理决策逻辑与因果推理决策逻辑对创业绩效的影响，并探索这种影响的具体作用路径，以及在不同情境下影响的程度是否有所变化。运用效果推理、社会网络等领域的相关理论，通过文献梳理和理论推演，构建研究模型并进行实证检验，具有多方面的理论意义。

首先，效果推理理论作为创业领域的新兴理论，仍处在发展与完善过程中。当前学术界对效果推理的研究方兴未艾。部分学者已经证实效果推理会对企业创新、创业绩效产生正向影响，但相关研究仍较少，尤其是对其作用机制的研究不足。本文构建了效果推理、因果推理对创业绩效的影响模型，丰富了效果推理和因果推理对企业的影响的相关研究成果。

其次，本章在验证效果推理和因果推理分别对创业绩效具有影响的同时，还探究了该影响过程的作用机制，试图从企业网络的角度分别解释效果推理和因果推理对创业绩效的影响机制。采用效果推理决策逻辑的创业者采取一系列战略联盟行为，从而影响企业的合作网络，进而影响创业绩效；采用因果推理决策逻辑的创业者重视合作伙伴间共同目标的构建和维护，也会进一步影响创业绩效。本章为创业绩效领域的研究提供了新的视角。

最后，本章将效果推理和因果推理同时纳入理论模型，分别探究二者影响创业绩效的作用路径，对比效果推理和因果推理对创业绩效的影响，探索效果推理和因果推理在企业中的共存机制。同时建模时考虑合作企业间的目标共享程度这一情境因素，探讨在共享目标程度不同的情况下，效果推理对创业绩效的影响作用是否会有所不同，克服了很多关于效果推理的研究忽视情境因素的缺陷。

（二）现实意义

创业活动作为国家与社会发展的不竭动力吸引着整个社会的广泛关注和无数创业者前赴后继，同时新创企业存活率低的现实状况也需要更多的企业管理研究探究创业绩效的影响因素，解答怎样的创业行为才能提高创业绩效这一关键问题。本研究从单个创业者的行为层面以及构建与管理创业网络层面探寻提升创业绩效的方式，研究结论可以为创业者，尤其是未成熟创业者的创业行为提供指引,为提升创业绩效提供思路和借鉴。另外,因研究中考虑了情境变量,其结果可为创业者根据具体情境判断行为的适用性提供依据。

三、研究方法

本章主要采用了文献研究和实证研究的方法,在梳理已有研究的基础上进行理论推演并提出假设,再使用成熟的量表进行问卷调查,收集数据以验证假设。

1. 文献研究

本章通过梳理并总结效果推理与因果推理理论和社会网络理论的相关研究文献,形成对效果推理理论的提出与发展历程的全局性认识,对社会网络理论在本研究中的适用性进行了合理推演,对核心变量的定义、影响因素、测量方法形成了独立见解,以此构建本研究的理论框架,提出研究模型。

2. 实证研究

本章采用已经过验证的在中国情境下可行的成熟量表作为调查问卷,在创业活动十分活跃的长三角地区进行大样本问卷调查以收集数据,运用 SPSS19.0 和 AMOS23.0 软件进行实证分析。

四、技术路线

本研究的技术路线如图 3.1 所示。

五、创新点

本研究创新之处可以总结为三点。

(1) 在创业绩效的研究领域,引入了效果推理和因果推理作为前因变量,探究创业绩效的影响因素。学术界对创业绩效的研究由来已久,而效果推理的概念仍处在起步阶段,为理解和解释创业行为提供了一种新思路。已有部分研究证实效果推理会对创业绩效产生正向影响,但对其作用机制的解释不足。本文将效果推理与因果推理应用于创业绩效研究,将有助于弥补现有不足,丰富相关理论成果。

(2) 在“效果推理—创业绩效”的研究中,引入网络异质性作为中介变量;在

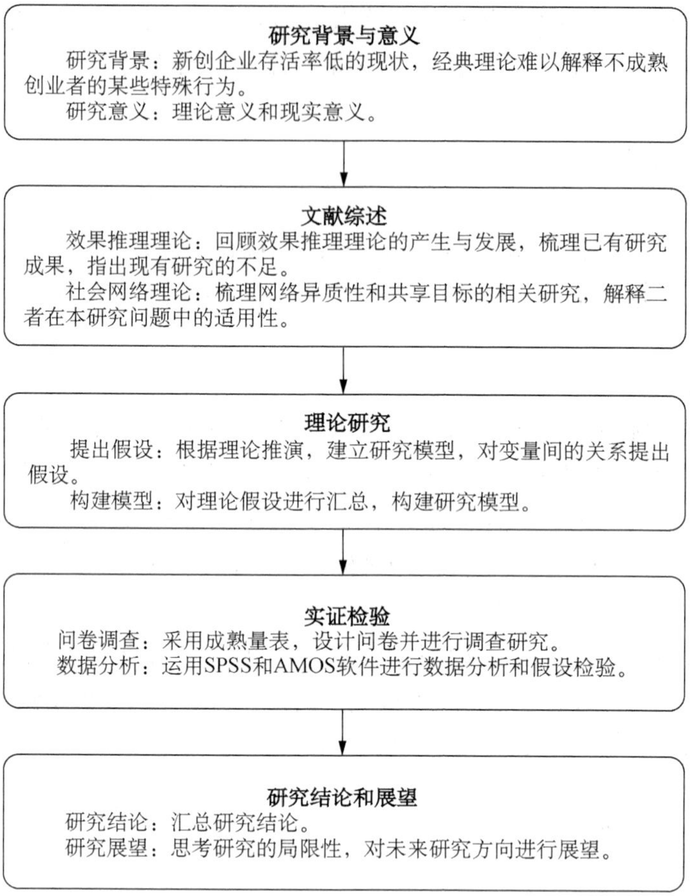

图 3.1　技术路线

“因果推理—创业绩效”的研究中，引入共享目标作为中介变量，探究创业行为到绩效的传导机制。本研究认为特定的创业行为会影响企业的合作网络，进而影响创业绩效，因此选取与企业合作网络有关的两个变量作为中介变量，使本研究得以挖掘更深层次的影响机制和作用路径。

（3）同时研究了效果推理和因果推理在创业过程中的共存现象，对比了二者对创业绩效的不同影响，研究了共享目标对效果推理和创业绩效间关系的调节作用，探究了效果推理过程中的资源扩张和目标约束现象，使研究模型更切合创业网络影响创业绩效的动态过程。

第 2 节　文 献 综 述

一、效果推理理论

（一）效果推理理论的起源

效果推理理论诞生于 2001 年，由美国学者 Saras Sarasvathy 博士基于其导师——诺贝尔经济学奖得主 Herbert Simon 的有限理性决策理论提出，并于 2001 年在 Academy of Management Review 上加以介绍。该理论不同于因果推理(causation)，其根植于 Knight 的“真正”不确定性、Weick 的“感知”理论以及 March 的“蠢人技艺”等思想，定义为在未来无法预测的情境下的决策逻辑(Sarasvathy, 2001)。效果推理理论的诞生为理解创业创新行为提供了全新的视角(Perry, 2012)。

不确定性环境下的决策理论可以分为计划、适应、愿景和转化 4 个视角(崔连广，张敬伟，2017)。转化视角是唯一强调控制、弱化预测的视角。效果推理理论作为转化视角的代表理论，包含 4 个原则：可承受损失而非预期回报、战略联盟而非竞争分析、利用意外事件而非已有知识、控制未知未来而非预测(Read, 2005；Sarasvathy, 2009)。

Chandler 等(2011)首次开发了效果推理的测量量表，从试验、可承受损失、柔性、先前承诺 4 个维度测量效果推理，对效果推理的构念化及测量做出了重大贡献。同年效果推理逻辑从最初的创业领域扩展到创新领域，Brettel 等(2012)开发了效果推理在创新情景下的构念内涵及测量方式并证明效果推理正向促进创新。

（二）效果推理理论的研究成果

自效果推理理论诞生以来，相关研究主要可分为三个方面。

一是对效果推理影响因素的探讨。如，Gabrielsson(2011)分析了创业者的创业决策逻辑偏好和事业动机偏好之间的关系；Costa(2011)以及 Johansson(2012)主要探讨了企业情境下影响创业决策逻辑选择的因素；Long(2017)的研究表明机会识别模式对效果推理决策逻辑的选择具有显著影响；Laine(2017)的研究表明效果推理与因果推理逻辑同时存在于中小企业的决策过程，但制度不确定性会促进对效果推理的选择；Stroe(2018)和 Pfeffer(2018)探究了创业者个人特质(如激情、自我效能感、风险感知、机会识别经验、商业理想)对决策逻辑选择的影响。

二是对效果推理的应用研究。效果推理理论解释了在不确定性条件下创业网络的动态过程模型中创业者如何行动的问题(Engel, 2017)。在创业生态系统中，创业者的集体学习通过集体效果推理过程持续发生，促进机会的创造(Stritar, 2016)。大量研究证明效果推理或其多个维度正向影响新创企业绩效(Roach, 2016)。郭润萍等(2016)的研究表明效果推理的 4 个维度均正向影响新企业创业能力。Guo(2018)通过对中国高科技新创企业的 212 位创业者和高层管理人员的问卷调查发现效果推理通过机会塑造的完全中介作用正向促进创新战略，这一关系受到竞争强度的正向调节。Cai 等(2017)的研究表明效果推理通过探索式学习正向影响新企业绩效。Schmidt 等(2018)对 73 位天使投资人的研究发现强调手段导向原则的天使投资人，其投资对象估值在投资后早期阶段显著提升，而效果推理逻辑的另外 3 个原则(可承受损失，合作，利用意外事件)对投资对象的估值没有显著影响。在效果推理的中介作用研究方面，胡海青等(2017)的研究表明效果推理的 4 个维度在创业网络与新创企业融资绩效的关系中具有部分正向中介作用。彭学兵等(2017)对 290 家新创企业的研究表明，效果推理的可承受损失、战略联盟和利用权变 3 个维度，在创业网络关系强度与新创企业绩效以及创业网络关系质量与新创企业绩效的正向关系中具有部分中介作用。在效果推理的调节作用研究方面，吴隽、张建琦等(2016)通过对珠三角 215 家创新型企业的研究表明，效果推理逻辑正向调节了新颖型商业模式创新对组织绩效的正向促进作用。Deligianni 等(2017)的研究表明除可承受损失维度之外，效果推理的其他 3 个维度正向调节了新企业产品多样化和绩效之间的关系。Mthanti(2014)发现效果推理或其多个维度正向调节创业导向对企业绩效的促进作用。

部分学者将效果推理理论拓展到国际创业领域，探讨效果推理对国际创业的影响。与国外市场已有关联的创业者更倾向于使用效果推理理论(Chetty, 2015)。中小企业通过效果推理行为建立网络关系，进而产生国际化机会并影响国际化决策,决定了企业将进入哪一个国际市场(Galkina, 2015)。效果推理帮助天生国际化企业(born-global firm)寻求更多合作伙伴(Andersson, 2011),有助于解决创建国际企业过程中的核心冲突(Sarasvathy, 2014)。在高度不确定性的条件下,从因果推理到效果推理的转变可以迅速提高在国外市场的投入水平(Kalinic, 2014)。效果推理理论下的网络建立行为与国际化过程中的初始进入速度和国家范围速度正相关,与国家承诺速度负相关(Prashantham 等, 2018)。

在创新领域,效果推理正向影响科技创业企业的创新绩效(林琳,2018)。效果推理正向促进小企业的新产品研发(Berends, 2014),但这种促进作用可能受环境因素的影响:在高度创新环境下,效果推理有助于研发项目取得成功;因果推理则对低创新性的项目有利(Brettel, 2012)。部分学者发现效果推理或其多个维度推动商业模式创新(Hollyway, 2010;吴隽,刘衡,2016),或新产品创新(Im, 2013),促进新创企业新颖型商业模式设计(王玲玲,2018)。

三是对效果推理理论自身的完善。Arend 等(2015)曾在 *Academy of Management Review* 上发表文章,基于理论建立的自然顺序,运用"Experience, Explain, Establish"这一 3E 框架,以 12 项理论评估标准,首次对效果推理这一新兴理论做出正式评价,提出了效果推理理论的 5 个改进方向。由此引发了十余位学者在 *Academy of Management Review* 发表多篇文章对 Arend 等人的批判加以回应,展开论辩(Read, 2016; Reuber, 2015)。在探讨、论辩的过程中,效果推理理论不断发展。

效果推理与因果推理并不相互排斥,在企业内部能够同时存在。近年来,多项研究表明效果推理与因果推理在企业内部共生共存,随着企业发展阶段、内外部环境的变化而交互影响和交替作用(Reymen, 2017; Futterer, 2018; Yu, 2018)。Galkina 等(2017)的研究表明效果推理与因果推理同时存在于企业竞争合作关系中,决策逻辑的选择受到竞合发展阶段和管理水平的影响。崔连广、张玉利等(2017)通过对 183 家在位企业的问卷调查,证实在探索式创新中,决策者混合运用效果推理和因果推理逻辑,而在开发式创新中则主要运用因果推理逻辑。

效果推理诞生并主要应用于创业领域,但从创业网络视角解释效果推理对创业绩效的影响的研究目前较少。另外,将效果推理理论与社会网络理论结合,研究其对企业创业网络的影响,并探究其作用机制的研究较为匮乏。创业过程中,创业者如何建立并管理外部网络关系,创业者的行为是否符合资源的外部扩张和合作企业间目标约束的平衡？现有研究并未对这些问题从理论上做出回答或从实践上做出检验。从创业网络视角解释效果推理的作用机制能够为创业网络的动态机制的研究提供新的理论视角。

效果推理理论是基于过程的，能够有效解释 Knight 不确定性下企业的决策逻辑，为理解与分析创业行为逻辑提供了一个崭新的范式。但其作为新兴理论，发展尚未成熟，关键概念较难测量和检验，较难开展实证研究，效果推理与因果推理二者如何共生共存的双元模式有待研究，效果推理与创业理论下其他已知构念(如资源拼凑、探索式学习、利用式学习、即兴、特定决策等)的关系有待开拓。已有学者指出效果推理理论的建立过程不够严谨，其普适性也有待进一步检验。效果推理理论在成为一个可靠的理论之前仍有很长的路要走，大量工作有待完成。效果推理作为一个新兴的理论，仍在探讨、论辩的过程中不断向前发展。

二、因果推理理论

(一) 因果推理与效果推理的区别

因果推理指的是我们较为熟悉的以预测为基础的经典管理思维，在已有研究中常常与效果推理作为一对相对应的变量同时出现。使用因果推理决策逻辑的创业者把未来看作过去的延续，认为未来可以得到有效预测，且认为能预测未来即可以控制它，因此设定目标并逐步细化，选择不同手段以达到预先设定的目标(张玉利等，2011)。而效果推理认为既然能控制未来，就不需要预测它，强调在既定的手段下，想象尽可能多的结果。

具体来说，在创业过程中，在因果推理下的行为方式，是识别机会、市场调查、竞争分析然后制订商业计划，根据制订的计划获取资源及利益相关者的认同以实施计划，随着时间推移适应环境。能够看到目标设定对这一过程至关重要，目标是这一逻辑下的行为指南，这与经典的管理逻辑一致。

(二) 因果推理理论的研究成果

早期的研究多数认为效果推理与因果推理相互排斥，但近年来多个研究表明效果推理与因果推理并不相互排斥，而可能同时存在于创业者的决策逻辑中，因创业者个人特征、创业阶段、环境不确定性程度(Yu 等，2018)、创业者自我效能感、激情(Stroe, 2018)、对不确定性的感知(Jiang 等,2019)等因素的不同而被创业者予以不同程度地采纳。Villani 等(2018)的研究表明同时运用效果推理与因果推理的科技型创业者创业成功率更高。Welter 等(2018)建立了仿真模型研究发现在风险和不确定性情境下,效果推理是占支配性地位的决策逻辑,直到创业者预测未来的正确性高于百分之七十五时因果推理才能在决策过程中占据主要地位。Futterer 等(2018)通过对 128 家创业企业的实证分析发现当行业增长平稳时,效果推理与因果推理行为均能够引发商业模式创新;效果推理在行业成长快时更为有效,因果推理在行业成长慢时更为有效。Yang 等(2018)研究发现在精益创业模型中,效果推理认知与创业过程中的搜寻行为相关,因果推理认知与执行行为相关。Yu 等(2018)通过对中国 312 家软件公司的实证分析发现在环境不确定性程度相对高时,效果推理与因果推理的交互作用对企业绩效有正向影响;但当环境不确定性程度低时,二者的交互项对企业绩效有负向影响;在新兴经济中因果推理对企业绩效有正向影响;当环境不确定性程度相对高时,因果推理对企业绩效有正向影响,因此新兴经济中的新创企业在高度不确定性环境中综合运用效果推理与因果推理,在不确定性程度低的环境中主要运用因果推理更有利于提升企业绩效。在企业国际化过程中,因果推理逻辑下的网络建立行为与国际化过程中的初始进入速度和国家范围速度负相关,与国家承诺速度正相关(Prashantham 等,2018)。

三、社会网络理论

社会网络理论(social network theory)的基本观点是社会情境下的人由于彼此间的纽带关系而以相同的方式思考和行事(Tsai, 2000)。社会网络理论研究既定的社会行动者(个体、群体和组织)所形成的一系列关系和纽带。企业网络用于描述企业与其他组织之间的连接情况,包含了基于社会交往而形成的社会关系网络,还包括商业关系中通过交易形成的商业网络。管理学领域更加关注的是其中商业网络的部分。基于企业网络的相关研究成果主要包括嵌入性理论、社会资本理论、资源观理论、强关系理论和弱关系理论等。

(一) 嵌入性理论

嵌入性理论由 Polanyi(1944)率先提出,他认为经济活动作为一个制度过程,嵌入在经济制度和非经济制度当中。Granovetter(1985)奠定了现代嵌入性理论的基础，他提出经济活动嵌入在社会网络的互动过程中。现代嵌入性理论的提出在经济学和社会学之间搭建起一座理论桥梁。嵌入性理论将经济行为中的个体自利行为受其所属的社会网络影响作为基本假设，使网络分析方法被广泛接纳为经济个体行为研究的方法论。

嵌入性理论作为企业网络研究的重要理论工具被多次引用。Uzzi（1996，1997）发现企业在企业网络中的关系嵌入程度与企业绩效之间存在倒"U"形关系，嵌入程度过浅无法形成有效的网络连接，而嵌入程度过深则会对企业绩效产生负面影响。Burt（1992）认为企业网络的嵌入结构存在差异，并由此提出结构洞理论。结构洞理论认为当网络关系中的两个参与方必须通过另一个参与方才能形成有效连接时，这个重要的参与方即占据了一个结构洞位置，结构洞理论首次从网络结构角度分析网络差异，并总结当企业在网络中拥有的结构洞数量越多时，其在网络关系中越处于有利地位的观点。Hagedoorn（2006）提出双边嵌入性概念，即企业行为受到其合作伙伴重复性行为的影响。如果企业间的重复联系行为被嵌入关系信任，会显著提升企业网络的稳定性。

（二）资源观理论

资源观理论将企业设定为资源的集合。资源是企业能够自主掌握，有助于企业提升生产效率的集合。企业拥有的资源是企业发展的基础。Wernerfelt（1984）认为企业资源存在资源位置壁垒（resource position barriers），先进入的企业会通过运用资源位置壁垒来建立并巩固优势，即先进入者优势。这一观点也是新进入者缺陷理论的依据之一。

20世纪末，资源观理论的发展已经比较成熟，在此基础上，学者开始着重以动态视角对其进行发展。Teece（1997）认为环境不确定性对于企业运用资源的效果具有显著影响，企业需要构建适应动态环境的观察力和创新力，才能实现对资源的有效利用。

（三）强关系理论

强关系通常指亲密度较强的个体间的关系，如家庭关系、同学关系等，与此相对应的弱关系指亲密度较弱的个体间的关系，如商业合作关系、政府市场关系等。强关系理论重视强关系中由信任产生的积极作用，代表观点如Krackhardt（1992）强调个体从强关系中获取的信息具有较高的可信度，并且个体能够从强关系中获取资金及情感支持，并最终正向作用于企业绩效。强关系的生成依赖于亲密关系,因此单一个体的强关系网络在专业领域、成熟程度和经济水平上呈同质性特征(Shi, 2007)。

强关系在企业创建阶段能够对企业的生存和发展提供重要支持,创业者利用强关系可以团结创业团队成员,有效协调创业组织的工作效率(Zolin, 2014)。在创业阶段,强关系是企业重要的知识来源(Podolny, 1997),初始知识与复杂知识的转移主要通过强网络关系得以完成。

(四)弱关系理论

弱关系理论以 Granovetter(1973)为代表,强调在弱关系中,由于网络成员异质性强,能够为企业提供异质性的资源和知识,从而有利于企业绩效的提升。在整个企业网络关系中,弱关系的比例要远高于强关系的比例,原因在于弱关系的形成非常容易(Friedkin, 1982)。企业的日常经营、企业主的人际交往活动都可以成为建立弱关系的方式。

结合弱关系理论与强关系理论能准确评价企业网络中弱关系与强关系的作用。弱关系中网络广度优于网络强度而强关系中网络强度优于网络广度,二者的结合构成了完整的网络结构。

四、创业绩效

(一)创业绩效的定义

创业绩效是一个产出指标,代表着创业行为的成功与否。当前学术界主要从财务指标(如销售增长率、投资回报率、资产回报率等)和非财务指标(如产品质量、新产品开发等)两个方面来衡量创业绩效。

本研究采用 Coombes(2011)的定义,将创业绩效定义为创业活动的最终结果。创业绩效(Entrepreneurial Performance, EP)的测度借鉴 Li 等(2001)的量表,包含财务绩效(Financial Performance, FP)、成长绩效(Growth Performance, GP)和创新绩效(Innovation Performance, IP)3 个维度。

(二)创业绩效的影响因素

关于企业创业绩效影响因素的研究已经相对较多,创业绩效的量表也相对成熟。已有研究中影响创业绩效的因素大致可以分为创业者个人特征和创业环境因素两大类。

1. 创业者个人特征

李正卫等(2013)通过对148家制造业企业的实证研究证明,创始人前摄性个性正向影响企业创新绩效。此外,创业动机对创业绩效有显著影响(苏晓华、陈嘉茵等,2018),创业者自我效能感正向影响创业绩效(苏晓华、杨赛楠等,2018)。Cruz等(2018)的研究表明特定的创业者社会身份(达尔文主义者、传教士)会正向影响企业绩效,效果推理在其中起中介作用。

2. 创业环境因素

创业环境因素是指影响创业过程和结果的各种自然因素和社会因素的总和。创业企业由于存在新进入者缺陷,受环境因素的影响较大。熊捷等(2017)通过对151家北京高新技术企业的研究证明企业社会资本、知识获取对产品创新绩效有正向影响。Futterer等(2018)发现商业模式创新能够促进企业创业绩效。林琳等(2018)通过195份来自科技创业企业的问卷调查发现外部知识搜寻能够正向影响企业创新绩效。市场导向、战略试验、创业学习均对创新绩效有正向影响。部分学者从创业者网络的角度对这个问题加以研究。比如,尹苗苗等(2015)对441家中国新创企业的网络关系与新企业成长之间的实证研究表明政府关系与新企业成长之间存在倒"U"形关系,而环境动态性对这一关系存在负向的调节作用。朱秀梅(2011)基于资源基础理论和社会网络理论,构建了网络特征动态影响资源获取进而影响创业绩效的理论模型,证实了资源获取在网络能力与新企业绩效之间具有中介作用。

第 3 节　理论假设与概念模型

一、效果推理与创业绩效

从效果推理的四个原则来看,每个原则均会对新创企业的创业绩效产生促进作用。首先是"可承受损失而非预期回报"原则,采用效果推理逻辑的创业者将企业预期损失控制在可承受范围之内,不会为了追求高预期回报而承担企业难以承受的风险。这种对可承受损失的理性预估和对过高风险的规避提高了新创企业的存活概率,避免了新创企业陷入财务困境,有助于提升企业的财务绩效和成长绩效。其次是"战略联盟而非竞争分析"原则,采用效果推理决策逻辑的创业者注重与合作伙伴建立战略联盟而非专注于对竞争对手的竞争分析,这样的决策逻辑与行为有助于企业建立更广泛的合作关系,拓展企业的社会网络,从社会网络中获得更多对企业发展有益的社会资本,从而提升企业绩效。再次是"利用意外事件而非已有知识"原则,遵循效果推理逻辑的创业者不预设具体目标,而是充分拥抱意外事件带来的潜在机会,对意外事件与新知识保持开放态度,保持企业柔性,不会采取降低企业适应性或灵活性的行为。他们能够通过新出现的市场需求发现潜在商业机会,并及时调整企业的产品或商业模式以适应环境的新变化,有助于企业在变幻莫测的市场环境中生存下来并取得较好的创业绩效。最后是"控制未知未来而非预测"的原则,采用效果推理决策逻辑的创业者不注重预测未来,而是聚焦于不可预测未来的可控制性,认为未来既然是可以控制的,就不需要去预测它。对于面临高度不确定性环境的不成熟创业者而言,预测和计划往往比较困难,创业者通过效果推理行为,采取试验的方法尝试不同的产品原型和商业模式,在资源有限的情况下努力寻求达到最好结果。企业在不断尝试的过程中提升了获得创新性产品和商业模式的概率,有助于提升企业的创新绩效,最大化收益。基于上述分析,提出假设 1:效果推理对创业绩效有显著的正向影响。

二、网络异质性的中介作用

网络异质性是指企业合作网络成员在各种属性特征上的差异程度，表现了企业与不同特征的网络成员之间的互动关系，具体体现在合作网络成员在主营业务、企业规模、地域、类型等方面的差异。网络异质性越强，网络带来的异质性资源越多，企业越容易找到有助于自身发展的互补性资源。异质性网络带来了大量异质性资源，根据资源基础观，可利用的异质性资源有助于提升创业绩效。

（一）效果推理与网络异质性

效果推理下的行为方式，是指在高度不确定性的环境下创业者如何决策的逻辑。创业者聚焦于不可预测未来的可控制性，以 3 个初始条件为出发点：①“我是谁”，即创业者的特质和能力；②“我了解什么”，即创业者的先前知识、教育、训练、专长、经验；③“我认识谁”，即创业者的社会网络和专业网络。在梳理了自己现有资源和手段的基础上，创业者判断自己能做什么，能够实现哪些可能的结果，然后承受适当损失，扩大企业网络，获得先前承诺，从而建立起合作网络，以这样的方式整合更多稀缺资源，拥抱意外并充分利用突发事件来创造新的手段和扩张自己的网络，这是资源的扩张循环过程。在整合资源、获得伙伴先前承诺的过程中他们也可能产生新的目的，并将新的目的与“我能做什么”进行比较，再次进入与不同的人互动、建立更大的利益共同体、获得不同的先前承诺的循环，这是资源的约束循环过程。效果推理逻辑下的创业者行为不注重预测、不注重目标建立，但十分注重与不同的外部资源持有者互动以获得先前承诺，即十分注重网络的建立。在资源的扩张循环和约束循环过程中，创业者的网络规模不断增加，创业者从多方寻找资源与合作伙伴，网络异质性增强。基于上述分析，提出假设 2：效果推理对网络异质性有显著的正向影响。

（二）网络异质性与创业绩效

网络异质性指标测度的是企业合作网络成员间在各种属性上的差异化程度。来自合作伙伴间的支持是企业创业成功的基础。合作伙伴的差异性越大，越能够为企业提供更多的要素组合。差异化程度高的合作网络，能够为创业企业带来更多可利用的异质性资源，为企业提供更多有益的要素组合，满足企业在创业不同阶段对资源的不同需求，达到“东方不亮西方亮”的效果。Larcker 等

(2013)指出,异质性网络能够为企业带来非冗余资源,为创业活动提供土壤。Barringer等(2000)发现网络异质性与企业成长速度高度相关。基于上述分析,提出假设3:网络异质性对创业绩效有显著的正向影响。

采用效果推理决策逻辑的创业者通过资源的扩张循环和约束循环,将更多不同类型、不同属性、具有不同资源的企业纳入合作网络,网络异质性得以增强。异质性强的合作网络中,合作伙伴为网络带来更多异质性资源,为企业提升创业绩效提供了更多非冗余的要素组合,为企业提升创业绩效提供了更多机会和可能。效果推理决策逻辑对创业绩效的正向影响通过网络异质性的传导得以实现。基于上述分析,提出假设4:网络异质性在效果推理对创业绩效的影响中起中介作用。

三、因果推理与创业绩效

目前,有关因果逻辑与创业绩效之间具体关系的研究相对较少,尤其对其作用机制解释不足。因果推理的决策过程是目标导向的——创业者预先设定创业目标,并将创业目标逐步细化为阶段性目标,据此制订详细的行动计划。在具体目标的指引下,创业者在每个阶段精准寻找能够帮助企业实现创业目标的实体与资源,一步一个脚印向最终的创业目标进发。对预设目标和行动计划的谨慎遵循使得采用因果推理逻辑的创业者逐步提升企业绩效,最终实现创业目标。Smolka(2018)的研究表明,在目标指导下制订计划,进行分析与预测正向促进创业成功。基于上述分析,提出假设5:因果推理对创业绩效有显著的正向影响。

四、共享目标的中介作用

(一) 因果推理与共享目标

共享目标是社会资本在认知维度的典型变量之一(熊捷等,2017),代表了网络成员共同理解和认可网络的行为及结果的程度(Parra-Requena等,2010)。当共享目标程度高即网络成员享有共同目标并对如何合作达成一致意见时,网络间的信息与资源交换更为顺畅。当前关于共享目标的研究主要停留在团队层面(Knippenberg等,2011;王莉红等,2016),关于企业间合作网络的共享目标的研究较少。

采用因果推理逻辑的创业者注重目标设定和路径选择,在预设好战略目标之后将目标逐步细化,并搜寻有助于实现每一个细分目标的资源。遵循因果推理决策逻辑的创业者注重以企业战略目标为导向,强调预期报酬的最大化,通过精确的市场预测和复杂的竞争分析来指导经营管理,在搜寻资源的过程中以能够帮助企业实现预定目标为指导原则,因此在建立合作网络的过程中目标性更强,搜寻合作伙伴时精确度更高。在搜寻到合适的合作伙伴之后,注重与合作伙伴在更广范围和更深层次上加强沟通,这种以实现战略目标为目的的深层次沟通能够帮助合作伙伴理解企业的目标、抱负与愿景,从而有助于在合作伙伴间建立共享的目标。基于上述分析,提出假设 6:因果推理对共享目标有显著的正向影响。

(二) 共享目标与创业绩效

企业与合作机构间的共享目标常常被认为是影响合作成功率的重要因素。熊捷等(2017)研究表明共享目标能够促进获取隐性知识,从而正向影响产品创新绩效。首先,共享目标是合作网络间各个实体相互理解的保障,在相互理解的基础上,网络成员间更容易形成共同认可的合作准则与行为规范,各个网络成员有意愿进行更深层次的沟通和更广范围的合作。网络成员为合作网络注入更多共享资源,为提升创业绩效提供了更多支持。其次,共享目标增加了合作企业间的有效沟通,减少合作方的摩擦与误会,且合作企业的员工对合作关系持有积极态度,这便有利于双方进行更有效的资源融合。企业对合作方的策略和需求理解深入,能够减少无效沟通,提升合作效率,为企业提升创业绩效打下良好基础。由此可见,在企业合作网络中,企业通过一系列建立与加强共享目标的行为可实现提升企业创业绩效的目的。基于上述分析,提出假设 7:共享目标对创业绩效有显著的正向影响。

采用因果推理决策逻辑的创业者以明确的战略目标为导向,更为精确地寻找持有自己所需资源的合作方,并注重将企业自身发展目标转化为合作企业间的共享目标,以获得合作企业的认同与支持,与合作企业在共享目标上达成共识,建立共同认可的行为规范,使得合作伙伴间的目标共享程度增强。在共同目标的指引和约束下,网络成员企业间合作的广度和深度有所增强。成员企业能够获得来自合作伙伴的支持与资源投入,有助于促进企业创业绩效的提升。基于上述分析,提出假设 8:共享目标在因果推理对创业绩效的影响中起中介作用。

五、共享目标对“网络异质性-创业绩效”关系的调节作用

网络异质性对创业绩效的影响并非一个静态模型，而是一个受到企业内外部多种因素影响的动态过程。遵循效果推理决策逻辑的创业者在现有资源的基础上充分想象可能实现的结果并积极尝试，在保持企业柔性、拥抱意外事件、获取先前承诺的过程中提高网络异质性，但异质性高的合作网络在带来异质性资源的同时为网络的管理带来难度，异质性资源能否成功转化为企业绩效还受到其他因素的影响。本研究引入合作企业间共享目标是为了探索网络异质性影响创新绩效的边界问题。当企业注重在异质性的合作网络间建立和巩固共享目标，企业间目标共享程度高时，企业能够集合异质性资源为实现共同的目标而奋斗。网络成员由于共享目标的存在，资源交换更为频繁和顺畅，从而能够有效促进异质性网络资源转化为创业绩效。当网络成员间目标共享程度低时，合作关系更为松散，网络成员企业难以理解彼此的目标，无共同认可的行动规范，合作效率降低，异质性的网络资源向创业绩效转化的难度增大。基于上述分析，提出假设 9：共享目标对网络异质性与创业绩效之间的关系有正向调节作用。共享目标程度越高，网络异质性与创业绩效之间的正相关关系越强；共享目标程度越低，网络异质性与创业绩效之间的正相关关系越弱。

综上所述，图 3.2 为本研究的理论模型。

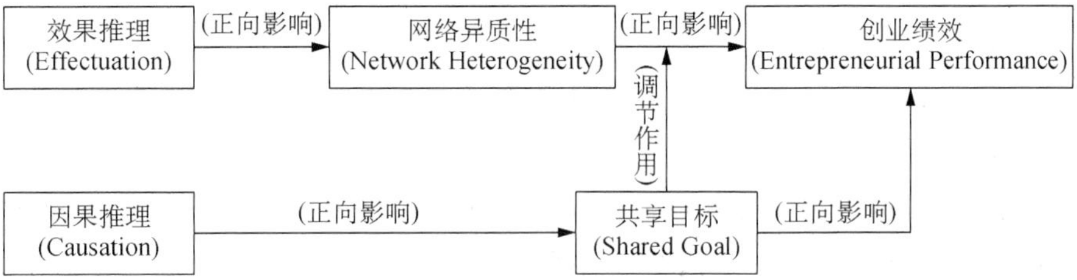

图 3.2　理论模型

第4节 实证研究

一、问卷设计

本节通过问卷调查的形式收集数据，采用的量表均为被学术界广泛使用的成熟量表，且在我国环境下经过验证为可行。除控制变量外，本节的测量题项都采取 Likert 7 点量表。1 点表示所描述的情况与企业实际情况“一点也不符合”，2～6 点表示相符程度逐步递增，7 点表示所描述的情况与企业实际情况“非常符合”。

对于效果推理和因果推理，本研究使用 Chandler(2011)编制的量表。其中测量效果推理的共有 12 个题项，分为试验、可承受损失、柔性和先前承诺 4 个维度。测量因果推理的共有 7 个题项。由创业者对自我的决策风格与创业行为进行评价。

对于创业绩效，本研究借鉴 Li(2001)和张宝建(2015)编制的量表，从财务绩效、成长绩效、创新绩效三个方面测量企业的创业绩效，总共有 14 个题项，由创业者对企业情况进行评价。

对于网络异质性，本研究使用李正卫等(2013)所编制的四条目量表，由创业者对企业合作网络状况进行评价。

对于共享目标，本研究使用熊捷与孙道银(2017)所编制的五条目量表，由创业者对合作网络的共享目标状况进行评价。

除了已经在模型中考虑的解释变量外，还有一些其他因素也会对因变量产生影响，这些因素不是本文的主要研究对象，但仍需要作为控制变量考虑在内。借鉴已有研究(Guo，2016；芮正云，2016)，本研究选择企业规模、成立年限、创业者创业经验作为控制变量。企业规模根据公司全职员工数量分为 5 级，1 为全职员工人数为 20 人及以下，2 为 21～200 人，3 为 201～500 人，4 为 501～1 000人，5 为全职员工人数在 1 000 人以上。创业经验为虚拟变量，创业者此前创建过其他企业则值为 1，未创建过则为 0。

二、预测试

(一) 预测试样本描述

在正式进行问卷调研工作之前,通过研究团队的网络关系寻找到位于上海市的多个新创企业进行预测试,共发放问卷50份,回收有效问卷42份。预测试样本分布情况统计结果如表3.1所示。

表3.1 预测试样本分布情况统计结果(N=42)

变量	分类	频数	占比	累积占比
创业者性别	男	24	57.1%	57.1%
	女	18	42.9%	100%
创业者年龄	25岁及以下	1	2.4%	2.4%
	26～30岁	22	52.4%	54.8%
	31～35岁	8	19.0%	73.8%
	36～40岁	8	19.0%	92.8%
	41岁及以上	3	7.1%	100%
企业成立年限	2年以下	19	45.2%	45.2%
	2～3年	13	31.0%	76.2%
	3～4年	5	11.9%	88.1%
	4～5年	2	4.8%	92.9%
	5～6年	1	2.4%	95.3%
	6～7年	2	4.8%	100%

(二) 预测试信度分析

如表3.2所示,效果推理测量结果的克隆巴赫系数(Cronbach's α)值为0.782,全部题项的校正项总相关系数(Corrected Item-Total Correlation, CITC)值都大于0.5,可以认为自变量有良好信度。因果推理测量结果的Cronbach's α 值为0.715,全部题项的CITC值都大于0.5,可以认为自变量有良好信度。创业绩效测量结果的Cronbach's α 值为0.844,全部题项的CITC值都大于 0.5，可以认为因变量有良好信度。网络异质性测量结果的 Cronbach's α 值为 0.726，全部题项的 CITC 值都大于 0.5，可以认为中介变量有良好信度。共享目标测量结果的 Cronbach's α 值为 0.745，全部题项的 CITC 值都大于 0.5，可以认为调节变量有良好信度。

表 3.2 预测试信度检验（N=42）

变量	测量题项	尺度平均数（如果项目已删除）	尺度变异数（如果项目已删除）	校正项总相关系数 CITC	克隆巴赫系数（如果项目已删除）	Cronbach's α
效果推理	EX1	56.81	45.426	0.564	0.762	0.782
	EX2	57.57	45.666	0.594	0.758	
	EX3	56.76	43.991	0.603	0.746	
	AL1	56.14	49.003	0.599	0.769	
	AL2	56.71	45.721	0.648	0.764	
	AL3	56.26	47.466	0.512	0.759	
	FL1	56.71	46.014	0.517	0.756	
	FL2	56.50	48.744	0.699	0.780	
	FL3	56.69	45.048	0.650	0.764	
	FL4	56.86	49.686	0.574	0.771	
	PC1	56.55	50.839	0.621	0.785	
	PC2	56.60	50.198	0.580	0.779	
因果推理	CA1	31.79	15.441	0.554	0.676	0.715
	CA2	31.88	13.766	0.608	0.650	
	CA3	32.00	13.902	0.528	0.678	
	CA4	32.10	14.039	0.626	0.647	
	CA5	32.05	14.046	0.549	0.670	
	CA6	31.93	14.848	0.541	0.708	
	CA7	31.98	14.951	0.532	0.711	
创业绩效	FP1	58.74	97.857	0.596	0.840	0.844
	FP2	58.88	97.034	0.584	0.834	
	FP3	58.93	103.726	0.601	0.853	

续　表

变量	测量题项	尺度平均数（如果项目已删除）	尺度变异数（如果项目已删除）	校正项总相关系数 CITC	克隆巴赫系数（如果项目已删除）	Cronbach's α
创业绩效	FP4	59.29	99.380	0.612	0.838	0.844
	GP1	58.29	101.429	0.620	0.832	
	GP2	58.98	98.024	0.579	0.830	
	GP3	58.88	96.449	0.699	0.833	
	GP4	58.64	98.333	0.568	0.830	
	IP1	58.93	95.726	0.575	0.828	
	IP2	58.93	95.483	0.608	0.827	
	IP3	60.14	92.369	0.564	0.829	
	IP4	58.55	100.449	0.683	0.840	
	IP5	59.00	101.512	0.701	0.846	
	IP6	59.02	86.414	0.757	0.813	
网络异质性	NH1	12.81	7.377	0.574	0.662	0.726
	NH2	12.60	6.832	0.592	0.638	
	NH3	11.62	8.534	0.669	0.680	
	NH4	11.90	8.235	0.682	0.676	
共享目标	SG1	22.67	7.984	0.588	0.699	0.745
	SG2	22.57	7.861	0.663	0.659	
	SG3	22.45	6.937	0.661	0.660	
	SG4	22.50	7.915	0.659	0.710	
	SG5	22.67	6.276	0.540	0.713	

（三）预测试效度分析

本节运用 AMOS 软件，得到总体量表中各题项的因子负荷，并人工计算出每个量表的平均提取方差值，以此来检验各量表的收敛效度，计算结果如表 3.3 所示。计算结果显示，所有题项在测度变量上的标准化因子负荷都大于 0.5，并且显著；所有变量的 AVE 值均大于 0.36，为可接受范围。以上结果表明同一量表中各测量题项之间有良好的相关性，本节所采用的量表均具有良好的收敛效度。

表 3.3 预测试效度检验（N=42）

变量	测量题项	标准化因子负荷	未标准化因子负荷	标准误差（S.E.）	临界比（C.R.）	*P*	AVE
效果推理	EX1	0.777	1				0.533
	EX2	0.628	1.163	0.121	9.599	***	
	EX3	0.724	0.955	0.124	7.689	***	
	AL1	0.681	1				
	AL2	0.746	0.841	0.108	7.771	***	
	AL3	0.719	1.049	0.124	8.471	***	
	FL1	0.809	1				
	FL2	0.831	0.897	0.081	11.135	***	
	FL3	0.810	0.870	0.076	11.520	***	
	FL4	0.645	0.879	0.169	5.207	***	
	PC1	0.635	1				
	PC2	0.714	1.009	0.18	5.615	***	
因果推理	CA1	0.673	1				0.505
	CA2	0.638	1.453	0.773	1.881	***	
	CA3	0.687	1.529	0.828	1.845	***	
	CA4	0.767	1.500	0.764	1.964	***	
	CA5	0.663	1.220	0.725	1.683	***	
	CA6	0.728	0.989	0.684	1.445	***	
	CA7	0.801	0.901	0.665	1.355	***	
创业绩效	FP1	0.711	1				0.523
	FP2	0.683	1.066	0.508	2.097	***	
	FP3	0.807	0.487	0.423	1.153	***	
	FP4	0.706	0.861	0.453	1.902	***	
	GP1	0.671	0.724	0.319	2.271	***	
	GP2	0.693	1.131	0.477	2.369	***	
	GP3	0.782	1.301	0.568	2.289	***	

续　表

变量	测量题项	标准化因子负荷	未标准化因子负荷	标准误差(S.E.)	临界比(C.R.)	P	AVE
创业绩效	GP4	0.672	1.121	0.473	2.367	***	0.523
	IP1	0.665	1.389	0.576	2.412	***	
	IP2	0.667	1.271	0.538	2.360	***	
	IP3	0.667	1.703	0.705	2.414	***	
	IP4	0.763	0.955	0.466	2.051	***	
	IP5	0.786	0.866	0.469	1.845	***	
	IP6	0.822	2.175	0.845	2.575	***	
网络异质性	NH1	0.677	1				0.472
	NH2	0.664	0.906	0.164	5.525	***	
	NH3	0.752	1.106	0.182	6.067	***	
	NH4	0.651	1.033	0.19	5.437	***	
共享目标	SG1	0.773	1				0.605
	SG2	0.644	1.118	1.031	1.085	***	
	SG3	0.734	3.290	2.105	1.563	***	
	SG4	0.854	1.384	1.058	1.307	***	
	SG5	0.864	4.152	2.739	1.516	***	

注：*** $P<0.001$。

三、研究数据描述

（一）数据收集

本研究的数据来源于上海、江苏、浙江、安徽的若干位创业者。主要研究创业者的决策逻辑对合作网络和创业绩效的影响，因此未对行业类型做出限制。调研对象为创业者本人，由创业者对自身情况、企业合作网络状况和企业经营状况做出评价。采取纸质版问卷现场填写回收和问卷星电子问卷相结合的形式，由作者所在研究团队通过个人和专业网络关系寻找到创业者并进行调研，共发放问卷 260 份，回收问卷 224 份。将题目填写不完整及题目回答有明显规律的问卷判定为无效问卷，去掉无效问卷后获得有效问卷共计 209 份，有效回收率为 80.38%。

表 3.4 为有效问卷的样本分布分析结果。从调查对象的性别分布情况看，男性 123 人，占比 58.85%；女性 86 人。占比 41.15%。从年龄分布情况看，25 岁及以下 15 人，占比 7.18%；26～30 岁 80 人，占比 38.28%；31～35 岁 58 人，占比 27.75%；36～40 岁 39 人，占比 18.66%；41 岁及以上 17 人，占比 8.13%。从企业成立年限分布情况看，2 年以下 62 人，占比 29.67%；2～3 年 40 人，占比 19.14%；3～4 年 31 人，占比 14.83%，4～5 年 19 人，占比 9.10%；5～6 年 17 人，占比 8.14%；6～7 年 13 人，占比 6.22%；7～8 年 27 人，占比 13.11%。

表 3.4　样本分布情况统计结果（N=209）

变量	分类	频数	占比	累积占比
创业者性别	男	123	58.85%	58.85%
	女	86	41.15%	100%
创业者年龄	25 岁及以下	15	7.18%	7.18%
	26～30 岁	80	38.28%	45.46%
	31～35 岁	58	27.75%	73.21%
	36～40 岁	39	18.66%	91.87%
	41 岁及以上	17	8.13%	100%
企业成立年限	2 年以下	62	29.67%	29.67%
	2～3 年	40	19.14%	48.81%
	3～4 年	31	14.83%	63.64%
	4～5 年	19	9.10%	72.74%
	5～6 年	17	8.14%	80.88%
	6～7 年	13	6.22%	87.10%
	7～8 年	27	13.11%	100%

（二）数据分析工具与方法

本研究使用了 SPSS19.0 和 AMOS23.0 软件对所得数据进行了分析，主要使用了描述性统计分析、信度检验、效度检验、拟合度检验、验证性因子分析、相关性分析、结构方程模型分析以及层次回归分析等方法。

四、数据分析与假设检验

(一) 描述性统计分析

在对通过调查问卷方法收集到的数据进行信度效度分析、验证性因子分析以及结构方程建模分析之前,为了判断数据的整体分布特征是否符合正态分布,需要对数据的均值、标准差、偏度和峰度进行描述性统计分析。本研究运用 SPSS 软件对此次调查所收集到的数据进行描述性统计分析,结果如表 3.5 所示,所有数据偏度和峰度的绝对值都小于 2。结果表明该数据与正态分布基本一致,可以用于进一步的统计分析。

表 3.5　各观察变量的描述性统计分析结果

测量题项	*N*	平均值	标准差	偏度		峰度	
	统计数据	统计数据	统计数据	统计数据	标准误差	统计数据	标准误差
EX1	209	5.16	1.551	−1.164	0.168	0.998	0.335
EX2	209	4.44	1.296	0.016	0.168	−0.211	0.335
EX3	209	5.48	1.348	−1.253	0.168	1.795	0.335
AL1	209	5.79	1.202	−1.246	0.168	2.036	0.335
AL2	209	5.40	1.363	−0.758	0.168	0.233	0.335
AL3	209	5.54	1.344	−0.964	0.168	0.593	0.335
FL1	209	5.66	1.215	−1.228	0.168	1.831	0.335
FL2	209	5.66	1.211	−1.278	0.168	1.959	0.335
FL3	209	5.49	1.458	−0.967	0.168	0.527	0.335
FL4	209	5.16	1.161	−0.285	0.168	−0.069	0.335
PC1	209	5.64	1.282	−1.250	0.168	1.709	0.335
PC2	209	5.43	1.378	−0.955	0.168	0.934	0.335
CA1	209	5.70	1.096	−1.036	0.168	2.203	0.335
CA2	209	5.70	1.236	−1.008	0.168	1.086	0.335
CA3	209	5.54	1.326	−1.207	0.168	1.468	0.335
CA4	209	5.66	1.246	−0.958	0.168	0.624	0.335

续 表

测量题项	N	平均值	标准差	偏度		峰度	
	统计数据	统计数据	统计数据	统计数据	标准误差	统计数据	标准误差
CA5	209	5.54	1.355	−1.029	0.168	0.878	0.335
CA6	209	5.55	1.369	−0.964	0.168	0.805	0.335
CA7	209	5.59	1.261	−1.205	0.168	1.911	0.335
NH1	209	3.56	1.586	0.238	0.168	−0.867	0.335
NH2	209	3.76	1.644	−0.083	0.168	−0.948	0.335
NH3	209	4.46	1.535	−0.201	0.168	−0.733	0.335
NH4	209	4.23	1.477	−0.104	0.168	−0.401	0.335
SG1	209	5.55	1.217	−1.126	0.168	1.848	0.335
SG2	209	5.68	1.191	−0.953	0.168	0.864	0.335
SG3	209	5.58	1.195	−1.029	0.168	1.372	0.335
SG4	209	5.82	1.040	−0.923	0.168	1.450	0.335
SG5	209	5.69	1.194	−0.964	0.168	1.162	0.335
FP1	209	5.00	1.611	−0.794	0.168	−0.004	0.335
FP2	209	4.95	1.603	−0.698	0.168	−0.215	0.335
FP3	209	4.93	1.506	−0.525	0.168	−0.329	0.335
FP4	209	4.41	1.591	−0.213	0.168	−0.756	0.335
GP1	209	4.98	1.330	−0.980	0.168	1.275	0.335
GP2	209	4.79	1.330	−0.470	0.168	−0.182	0.335
GP3	209	4.60	1.563	−0.287	0.168	−0.682	0.335
GP4	209	5.03	1.272	−0.572	0.168	0.232	0.335
IP1	209	4.88	1.395	−0.623	0.168	−0.011	0.335
IP2	209	4.93	1.404	−0.461	0.168	−0.186	0.335
IP3	209	3.91	1.803	−0.024	0.168	−1.022	0.335
IP4	209	4.84	1.468	−0.654	0.168	0.134	0.335
IP5	209	4.91	1.468	−0.862	0.168	0.504	0.335
IP6	209	4.92	1.558	−0.680	0.168	−0.158	0.335

(二) 信度分析

信度(reliability)是衡量测量结果的一致性、稳定性及可靠性的指标,目前比较常用的是 Cronbach's α 系数法,用于检验测量结果的内部一致性。一般认为,当量表的 Cronbach's α 系数值超过 0.7 时,则可以认为量表数据有良好的内部一致性。本研究同时采用了校正项总相关系数 CITC 来考察测量结果的内部一致性。一般认为,当测量指标的 CITC 值大于 0.5,最低可接受范围为 0.35,同时删除某一测量题项后的 Cronbach's α 值(Cronbach's Alpha if Item Deleted)小于该量表的整体 Cronbach's α 值,则可以认为该量表的测量结果具有良好的内部一致性,能够用于后续的统计分析。

1. *效果推理的信度分析*

按照上述方法对效果推理的数据实行了信度分析,结果见表 3.6,全部 12 个测试题项的 CITC 值都大于 0.5,且删除该题项后的 Cronbach's α 值均小于该变量的 Cronbach's α 值。变量的整体 Cronbach's α 值大于 0.7。可以认为对效果推理的测量信度良好。

表 3.6　效果推理的信度检测结果(N=209)

测量题项	尺度平均数(如果项目已删除)	尺度变异数(如果项目已删除)	校正项总相关系数 CITC	克隆巴赫系数(如果项目已删除)	Cronbach's α
EX1	59.68	76.123	0.583	0.832	0.833
EX2	60.41	78.560	0.577	0.830	
EX3	59.36	74.116	0.559	0.816	
AL1	59.05	75.829	0.555	0.817	
AL2	59.44	76.286	0.652	0.824	
AL3	59.31	76.137	0.667	0.823	
FL1	59.19	75.162	0.582	0.815	
FL2	59.19	76.595	0.511	0.820	
FL3	59.35	73.028	0.552	0.816	
FL4	59.68	75.978	0.572	0.816	
PC1	59.20	75.902	0.508	0.820	
PC2	59.41	76.291	0.645	0.825	

2. 因果推理的信度分析

按照上述方法对因果推理的数据实行了信度分析，结果见表 3.7，全部 9 个测试题项的 CITC 值都大于 0.5，且删除该题项后的 Cronbach's α 值均小于该变量的 Cronbach's α 值。变量的整体 Cronbach's α 值大于 0.7。可以认为对因果推理的测量信度良好。

表 3.7 因果推理的信度检测结果($N=209$)

测量题项	尺度平均数（如果项目已删除）	尺度变异数（如果项目已删除）	校正项总相关系数 CITC	克隆巴赫系数(如果项目已删除)	Cronbach's α
CA1	33.58	34.851	0.577	0.851	0.863
CA2	33.57	33.198	0.618	0.845	
CA3	33.74	32.193	0.636	0.843	
CA4	33.62	32.468	0.669	0.838	
CA5	33.74	31.445	0.674	0.837	
CA6	33.73	31.709	0.645	0.842	
CA7	33.69	33.071	0.611	0.846	

3. 创业绩效的信度分析

按照上述方法对创业绩效的数据实行了信度分析，结果见表 3.8，全部 14 个测试题项的 CITC 值都大于 0.5，且去掉该题项后的 Cronbach's α 值均小于该变量的 Cronbach's α 值。变量的整体 Cronbach's α 值大于 0.7，测量信度良好。

表 3.8 创业绩效的信度检验($N=209$)

测量题项	尺度平均数（如果项目已删除）	尺度变异数（如果项目已删除）	校正项总相关系数 CITC	克隆巴赫系数(如果项目已删除)	Cronbach's α
FP1	62.09	171.069	0.643	0.900	0.908
FP2	62.14	171.880	0.626	0.901	
FP3	62.16	178.018	0.509	0.906	
FP4	62.67	174.605	0.562	0.904	
GP1	62.11	179.056	0.560	0.904	
GP2	62.29	174.679	0.691	0.899	

续　表

测量题项	尺度平均数（如果项目已删除）	尺度变异数（如果项目已删除）	校正项总相关系数 CITC	克隆巴赫系数(如果项目已删除)	Cronbach's α
GP3	62.49	173.213	0.610	0.902	0.908
GP4	62.05	175.319	0.707	0.899	
IP1	62.21	175.686	0.625	0.901	
IP2	62.16	173.499	0.684	0.899	
IP3	63.17	171.509	0.550	0.905	
IP4	62.25	175.495	0.594	0.902	
IP5	62.17	175.412	0.596	0.902	
IP6	62.16	171.175	0.666	0.899	

4. 网络异质性的信度分析

按照上述方法对网络异质性的数据实行了信度分析，结果见表 3.9，全部 4 个测试题项的 CITC 值均大于 0.5，且去掉该题项后的 Cronbach's α 值均小于该变量的 Cronbach's α 值。变量的整体 Cronbach's α 值大于 0.7。可以认为对网络异质性的测量信度良好。

表 3.9　网络异质性的信度检验($N=209$)

测量题项	尺度平均数（如果项目已删除）	尺度变异数（如果项目已删除）	校正项总相关系数 CITC	克隆巴赫系数(如果项目已删除)	Cronbach's α
NH1	12.45	13.788	0.644	0.713	0.789
NH2	12.26	13.971	0.588	0.743	
NH3	11.56	14.478	0.605	0.733	
NH4	11.78	15.304	0.555	0.758	

5. 共享目标的信度分析

按照上述方法对共享目标的数据实行了信度分析，结果见表 3.10，全部 4 个测试题项的 CITC 值均大于 0.5，且去掉该题项后的 Cronbach's α 值均小于该变量的 Cronbach's α 值。变量的整体 Cronbach's α 值大于 0.7。可以认为对共享目标的测量信度良好。

表 3.10　共享目标的信度检验(N=209)

测量题项	尺度平均数(如果项目已删除)	尺度变异数(如果项目已删除)	校正项总相关系数 CITC	克隆巴赫系数(如果项目已删除)	Cronbach's α
SG1	22.78	13.971	0.709	0.822	0.860
SG2	22.64	14.443	0.666	0.834	
SG3	22.74	14.577	0.646	0.839	
SG4	22.51	15.405	0.662	0.836	
SG5	22.63	14.118	0.708	0.823	

综上所述,本研究 5 个变量的测量结果均具有良好的内部一致性,能够用于后续的统计分析。

(三) 效度分析

效度(validity)反映了测量工具能准确衡量潜变量的程度,通过内容效度(content validity)和构念效度(construct validity)来评价。本研究依据效果推理和社会网络理论框架,采用在学术界被广泛使用的成熟量表,其中由国外学者开发的量表也都经过国内研究者科学翻译,且经研究证实在我国环境下同样可行,因此可以认为本研究问卷所使用的量表具有良好的内容效度。构念效度是指测量变量的具体方法和操作过程能够反映实际所要测量的变量的程度,通过收敛效度(convergent validity)和区分效度(discriminant validity)来评价。

收敛效度是指同一潜变量的所有测量题项之间应具有较高的相关关系,区分效度是指不同潜变量之间应具有显著的差异。通过考察总体量表中各测量题项的因子负荷,以及各量表的平均提取方差值(average of variance extracted, AVE),来检验各量表的收敛效度。一般来说,测量题项在潜变量上的标准化因子负荷需大于 0.5 且显著。平均提取方差值 AVE 是计算潜在变量的测量题项的变异解释能力的指标,若 AVE 越高,则表示构念的收敛效度越高。一般来说须大于 0.5, 0.36～0.5 为可接受门槛。为检验各变量间的区分效度,本文对 4 个变量进行了验证性因子分析,在基本模型与竞争模型之间进行比较,并采用了 χ^2/df, RMSEA, GFI, CFI 和 TLI 等拟合度指标来评价模型的适度。

1. 收敛效度

本节运用 AMOS23.0 软件,得到总体测量模型中各测量题项的因子负荷,并人工计算每个量表的平均提取方差值，以此来检验各量表的收敛效度，计算结果如表 3.11 所示。计算结果显示，所有题项在潜变量上的标准化因子负荷均大于 0.5，并且在 $P<0.001$ 水平上显著；各个变量的 AVE 值均大于 0.36，为可接受范围。以上结果表明同一量表中各测量题项之间有良好的相关性，本研究所采用的量表均具有良好的收敛效度。

表 3.11　总体测量模型收敛效度检验（N＝209）

变量	测量题项	标准化因子负荷	未标准化因子负荷	标准误差(S.E.)	临界比(C.R.)	P	CR	AVE
效果推理	EX1	0.663	1				0.910	0.461
	EX2	0.604	0.761	0.112	6.773	***		
	EX3	0.778	1.020	0.137	7.439	***		
	AL1	0.746	1					
	AL2	0.704	1.069	0.123	8.661	***		
	AL3	0.749	1.123	0.125	8.998	***		
	FL1	0.629	1					
	FL2	0.599	0.949	0.135	7.026	***		
	FL3	0.642	1.225	0.165	7.411	***		
	FL4	0.663	1.007	0.133	7.592	***		
	PC1	0.738	1					
	PC2	0.594	0.865	0.145	5.988	***		
因果推理	CA1	0.626	1				0.863	0.475
	CA2	0.663	1.194	0.152	7.833	***		
	CA3	0.704	1.360	0.166	8.190	***		
	CA4	0.730	1.325	0.158	8.409	***		
	CA5	0.740	1.461	0.172	8.492	***		
	CA6	0.694	1.384	0.171	8.107	***		
	CA7	0.660	1.213	0.155	7.808	***		
创业绩效	FP1	0.666	1				0.911	0.424
	FP2	0.654	0.976	0.115	8.508	***		
	FP3	0.536	0.753	0.106	7.110	***		

续 表

变量	测量题项	标准化因子负荷	未标准化因子负荷	标准误差(S.E.)	临界比(C.R.)	*P*	CR	AVE
创业绩效	FP4	0.577	0.856	0.112	7.605	***	0.911	0.424
	GP1	0.593	0.734	0.094	7.789	***		
	GP2	0.729	0.904	0.097	9.361	***		
	GP3	0.655	0.954	0.112	8.525	***		
	GP4	0.744	0.882	0.093	9.527	***		
	IP1	0.661	0.859	0.100	8.591	***		
	IP2	0.723	0.945	0.102	9.291	***		
	IP3	0.589	0.990	0.128	7.752	***		
	IP4	0.625	0.854	0.105	8.168	***		
	IP5	0.631	0.864	0.105	8.247	***		
	IP6	0.697	1.012	0.112	9.002	***		
网络异质性	NH1	0.764	1				0.790	0.486
	NH2	0.701	0.951	0.112	8.517	***		
	NH3	0.684	0.866	0.103	8.378	***		
	NH4	0.633	0.771	0.098	7.872	***		
共享目标	SG1	0.784	1				0.861	0553
	SG2	0.736	0.919	0.087	10.521	***		
	SG3	0.703	0.880	0.088	10.007	***		
	SG4	0.711	0.775	0.077	10.125	***		
	SG5	0.781	0.977	0.087	11.179	***		

注：*** $P<0.001$。

2. 模型拟合度检验

为检验总体结构方程模型的拟合程度，本文进行了拟合度检验并采用了如表 3.12 所示指标。

表 3.12　结构方程模型总体拟合度评价指标及其标准

拟合度指标	指标性质	临界值
χ^2/df（卡方值/自由度）	样本协方差矩阵和估计方差矩阵之间的相似程度	<3(Carmines & Mclver, 1981) <5,(Wheaton, 1987)
RMSEA（近似均方根残差）	理论模式同饱和模式的差距	<0.05(适配良好) <0.08(适配合理) <0.1(适配一般)
GFI(拟合优度指数)	假设模型可以解释观察资料的比例	>0.9(Joreskog & Sorbom, 1996) >0.8(MacCallurm & Hong, 1997)
TLI(Tucker-Lewis 指数)	模型对虚无模型之间的适配程度	>0.9
CFI(比较拟合指数)	假设模型同独立模型的非中央性差异	>0.9

模型拟合度检验结果为：$\chi^2/df=2.589$，小于 3；RMSEA＝0.068，小于 0.08 适配合理；GFI＝0.818，大于 0.8 为可接受范围，CFI＝0.918，TLI＝0.949 均大于 0.9，拟合优度较好。

3. 区分效度

为了检验“效果推理”“因果推理”“网络异质性”“共享目标”和“创业绩效”5 个变量之间的区分效度，本文进行了验证性因子分析，将原模型（五因子模型）和合并因子后的竞争模型（四因子模型、三因子模型、二因子模型、单因子模型）进行对比，比较不同模型的拟合优度指标，结果如表 3.13 所示。结果显示五因子模型（$\chi^2=2\ 150.873$，$\chi^2/df=2.659$，RMSEA＝0.068，GFI＝0.818，CFI＝0.918，TLI＝0.949）的拟合优度比其他竞争模型都好，说明本文的研究模型具有良好的区分效度。其中 EF 为效果推理，CA 为因果推理，NH 为网络异质性，SG 为共享目标，EP 为创业绩效，“＋”表示将 2 个因子合并为一个因子。

表 3.13　区分效度检验(N=209)

	χ^2	df	χ^2/df	RMSEA	GFI	CFI	TLI
五因子模型 EF; CA; NH; SG; EP	2 150.873	809	2.659	0.068	0.818	0.918	0.949
四因子模型 EF+CA; NH; SG; EP	2 101.043	811	2.591	0.087	0.661	0.684	0.702
四因子模型 EF+NH; CA; SG; EP	2 177.923	811	2.685	0.090	0.657	0.685	0.665
四因子模型 EF+SG; CA; NH; EP	2 237.453	811	2.759	0.092	0.650	0.671	0.650

续 表

	χ^2	df	χ^2/df	RMSEA	GFI	CFI	TLI
四因子模型 EF+EP; CA; NH; SG	2 482.009	815	3.045	0.099	0.593	0.615	0.594
四因子模型 EF; CA+NH; SG; EP	2 170.855	811	2.677	0.090	0.658	0.686	0.667
四因子模型 EF; CA+SG; NH; EP	2 267.439	811	2.796	0.093	0.639	0.664	0.634
四因子模型 EF; CA+EP; NH; SG	2 389.876	811	2.947	0.097	0.595	0.636	0.613
四因子模型 EF; CA; NH+SG; EP	2 203.390	811	2.717	0.091	0.653	0.679	0.659
四因子模型 EF; CA; NH+EP; SG	2 145.662	811	2.646	0.089	0.661	0.692	0.673
四因子模型 EF; CA; NH; SG+EP	2 494.376	811	3.076	0.100	0.597	0.611	0.588
三因子模型 EF+CA+NH; SG; EP	2 113.949	813	2.600	0.088	0.664	0.700	0.682
三因子模型 EF+CA+SG; NH; EP	2 131.517	813	2.622	0.088	0.651	0.696	0.678
三因子模型 EF+CA+EP; NH; SG	2 628.509	817	3.217	0.103	0.555	0.582	0.559
三因子模型 EF+NH+SG; CA; EP	2 278.768	813	2.803	0.093	0.649	0.662	0.642
三因子模型 EF+NH+EP; CA; SG	2 463.247	816	3.019	0.099	0.596	0.620	0.599
三因子模型 EF+SG+EP; CA; NH	2 744.933	817	3.360	0.107	0.547	0.555	0.531
二因子模型 EF; CA+NH+SG+EP	2 549.706	814	3.132	0.101	0.562	0.599	0.576
二因子模型 EF+NH+SG+EP; CA	2 732.194	818	3.340	0.106	0.549	0.558	0.535
二因子模型 EF+CA+SG+EP; NH	2 828.666	818	3.458	0.109	0.532	0.536	0.512
二因子模型 EF+CA+NH+EP; SG	2 620.685	818	3.204	0.103	0.558	0.584	0.562
二因子模型 EF+CA+NH+SG; EP	2 150.659	814	2.642	0.089	0.650	0.692	0.974
单因子模型 EF+CA+NH+SG+EP	2 587.564	815	3.175	0.102	0.557	0.591	0.56

（四）相关性分析

表 3.14 为各变量的均值、标准差和相关系数。其中，效果推理与创业绩效($r=0.493$, $P<0.01$)和网络异质性($r=0.339$, $P<0.01$)显著正相关，网络异质性和创业绩效显著正相关($r=0.355$, $P<0.01$)，这为假设 1、假设 2、假设 3 的成立提供了初步证据；因果推理与创业绩效($r=0.551$, $P<0.01$)和共享目标($r=0.632$, $P<0.01$)显著正相关，共享目标和创业绩效显著正相关($r=0.419$, $P<0.01$)。这为假设 5、假设 6、假设 7 的成立提供了初步的证据。

表 3.14　描述性统计和相关关系

变量	均值	标准差	1	2	3	4	5	6	7
1. 企业规模	1.56	0.789							
2. 企业成立年限	3.24	2.234	0.434**						
3. 创业经验	1.08	1.708	0.300**	0.170*					
4. 效果推理	5.40	0.786	0.157*	0.044	0.111				
5. 因果推理	5.61	0.942	0.186**	0.089	−0.048	0.712**			
6. 网络异质性	4.19	1.05	0.170*	0.059	−0.096	0.339**	0.336**		
7. 共享目标	5.67	0.936	0.147*	0.023	0.114	0.577**	0.632**	0.156*	
8. 创业绩效	4.79	1.01	0.272**	0.168*	−0.005	0.493**	0.551**	0.355**	0.419**

注：** $P<0.01$，* $P<0.050$。

（五）结构方程模型分析

样本分布分析、描述性统计分析和信度效度分析结果说明本研究的数据已经达到了科学研究的标准，可以用来进行进一步的研究。本节将通过结构方程建模方法以及层次回归方法，对前文提出的理论假设进行逐一检验。总共包括 4 个部分：直接效应检验（假设 1、假设 2、假设 3、假设 5、假设 6、假设 7）、中介效应检验（假设 4、假设 8）、调节效应检验（假设 9）。

1. 直接效应的结构方程模型分析

对于直接效应，本文通过结构方程建模方法，进行了两部分内容的检验：一是直接效应的显著性指标，判断影响效应是否显著；二是拟合效果的分析，计算各测量量表的 χ^2/df、RMSEA、GFI、CFI 和 TLI 值，检验模型的拟合效果。一般认为，显著性指标 $P<0.001$，说明影响效应显著；拟合效果指标的范围或临界值同表 3.11 所述。

（1）效果推理对创业绩效的影响效应检验。

运用 AMOS 软件对“效果推理对创业绩效的影响效应”进行结构方程建模，如图 3.3 所示。模型的拟合度指标：$\chi^2=858.829$，$df=294$，$\chi^2/df=2.921$，RMSEA $=0.080$，GFI $=0.854$，CFI $=0.920$，TLI $=0.910$；$\chi^2/df<3$，RMSEA <0.1，GFI >0.8，CFI 和 TLI >0.9，说明模型的拟合效果较好。“效果推理—创业绩效”的标准化路径系数为 0.556，在 $P<0.001$ 水平下显著，说明这条路径显著。从模型拟合效果和显著性指标看，效果推理对创业绩效有显著的正向影响，即假设 1 得到了验证。

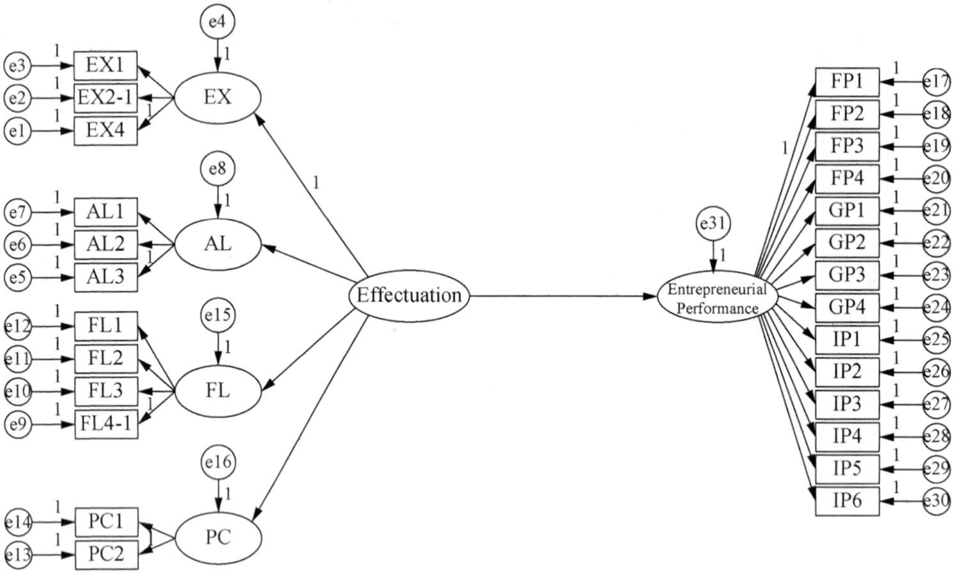

图 3.3　效果推理对创业绩效影响效应的结构方程模型

表 3.15　效果推理对创业绩效影响效应的结构方程建模结果

路径			标准化因子负荷	未标准化因子负荷	S.E.	C.R.	*P*
创业绩效	←	效果推理	0.556	0.890	0.171	5.189	***
拟合度指标：$\chi^2=858.829$，$df=294$，$\chi^2/df=2.921$，RMSEA=0.080，GFI=0.854，CFI=0.920，TLI=0.910							

注：*** $P<0.001$。

(2) 效果推理对网络异质性的影响效应检验。

运用 AMOS 软件对“效果推理对网络异质性的影响效应”进行结构方程建模，如图 3.4 所示。模型的拟合度指标：$\chi^2=278.054$，$df=99$，$\chi^2/df=2.809$，RMSEA$=0.076$，GFI$=0.851$，CFI$=0.945$，TLI$=0.935$；$\chi^2/df<3$，RMSEA<0.08，GFI>0.8，CFI 和 TLI>0.9，说明模型的拟合效果较好。“效果推理—网络异质性”的标准化路径系数为 0.264，在 $P<0.001$ 水平下显著，说明这条路径显著。从模型拟合效果和显著性指标看，效果推理对网络异质性有显著的正向影响，即假设 2 得到了验证。

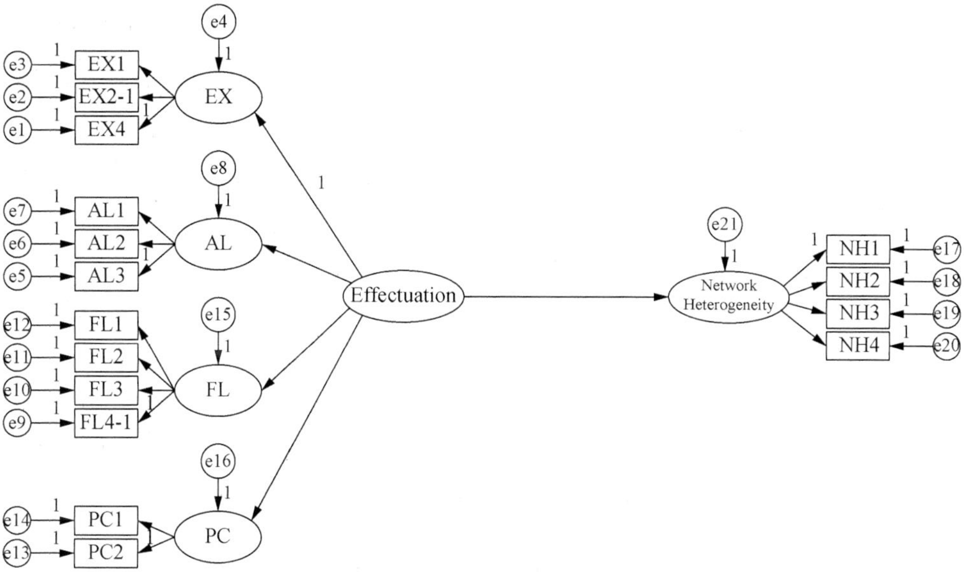

图 3.4　效果推理对网络异质性影响效应的结构方程模型

表 3.16　效果推理对网络异质性影响效应的结构方程建模结果

路径			标准化因子负荷	未标准化因子负荷	S.E.	C.R.	P
网络异质性	←	效果推理	0.264	0.517	0.188	2.748	***
拟合度指标：χ^2 = 278.054，df = 99，χ^2/df = 2.809，RMSEA=0.076，GFI=0.851，CFI=0.945，TLI=0.935							

注：*** $P<0.001$。

（3）网络异质性对创业绩效的影响效应检验。

运用 AMOS 软件对“网络异质性对创业绩效的影响效应”进行结构方程建模，如图 3.5 所示。模型的拟合度指标：χ^2 = 358.718，df = 134，χ^2/df = 2.677，RMSEA=0.072，GFI=0.888，CFI=0.936，TLI=0.926；χ^2/df <3，RMSEA<0.08，GFI>0.8，CFI 和 TLI 均大于 0.9，说明模型的拟合效果较好。“网络异质性—创业绩效”的标准化路径系数为 0.204，在$P<0.001$水平下显著，说明这条路径显著。从模型拟合效果和显著性指标看，网络异质性对创业绩效有显著的正向影响，即假设 3 得到了验证。

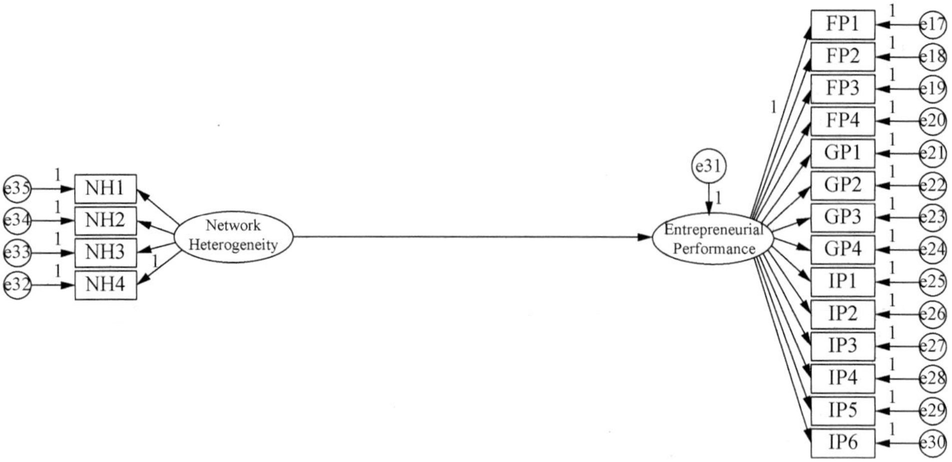

图 3.5 网络异质性对创业绩效影响效应的结构方程模型

表 3.17 网络异质性对创业绩效影响效应的结构方程建模结果

路径			标准化因子负荷	未标准化因子负荷	S.E.	C.R.	P
创业绩效	←	网络异质性	0.204	0.227	0.093	2.437	***
拟合度指标：$\chi^2=358.718$，$df=134$，$\chi^2/df=2.677$，RMSEA=0.072，GFI=0.888，CFI=0.936，TLI=0.926							

注：*** $P<0.001$。

（4）因果推理对创业绩效的影响效应检验。

运用 AMOS 软件对“因果推理对创业绩效的影响效应”进行结构方程建模，如图 3.6 所示。模型的拟合度指标：$\chi^2=634.809$，$df=188$，$\chi^2/df=3.377$，RMSEA=0.071，GFI=0.841，CFI=0.922，TLI=0.938；$\chi^2/df<3$，RMSEA<0.1，GFI>0.8，CFI 和 TLI>0.9，说明模型的拟合效果较好。“因果推理—创业绩效”的标准化路径系数为 0.632，在 $P<0.001$ 水平下显著，说明这条路径显著。从模型拟合效果和显著性指标看，因果推理对创业绩效有显著的正向影响，即假设 5 得到了验证。

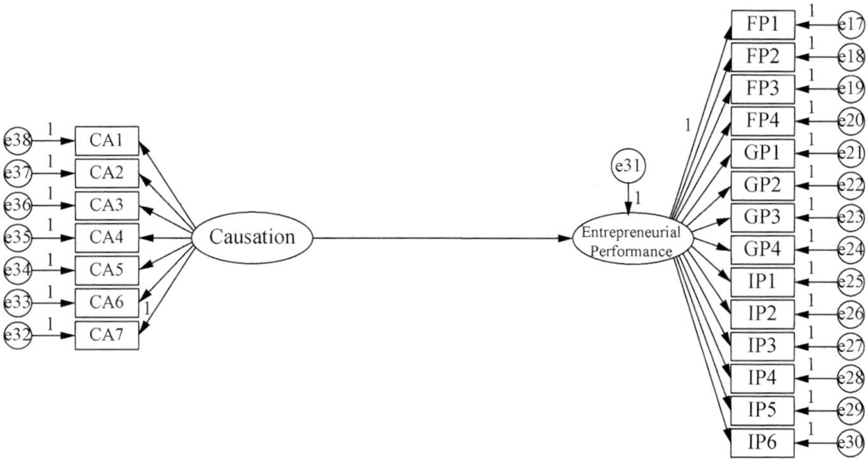

图 3.6　因果推理对创业绩效影响效应的结构方程模型

表 3.18　因果推理对创业绩效影响效应的结构方程建模结果

路径			标准化因子负荷	未标准化因子负荷	S.E.	C.R.	*P*
创业绩效	←	因果推理	0.632	0.813	0.124	6.585	***
拟合度指标：χ^2 = 634.809，df = 188，χ^2/df = 3.377，RMSEA=0.071，GFI=0.841，CFI=0.922，TLI=0.938							

注：*** $P<0.001$。

（5）因果推理对共享目标的影响效应检验。

运用 AMOS 软件对“因果推理对共享目标的影响效应”进行结构方程建模，如图 3.7 所示。模型的拟合度指标：χ^2 =166.510，df =53，χ^2/df =3.142，RMSEA= 0.071，GFI = 0.881，CFI = 0.902，TLI = 0.918；χ^2/df < 3，RMSEA<0.08，GFI>0.8，CFI 和 TLI>0.9，说明模型的拟合效果较好。“因

图 3.7　因果推理对共享目标影响效应的结构方程模型

果推理—共享目标”的标准化路径系数为 0.730，在 $P<0.001$ 水平下显著，说明这条路径显著。从模型拟合效果和显著性指标看，因果推理对共享目标有显著的正向影响，即假设 6 得到了验证。

表 3.19 因果推理对共享目标影响效应的结构方程建模结果

路径			标准化因子负荷	未标准化因子负荷	S.E.	C.R.	P
共享目标	←	因果推理	0.730	0.797	0.104	7.628	***
拟合度指标：$\chi^2=166.510$，$df=53$，$\chi^2/df=3.142$，RMSEA=0.071，GFI=0.881，CFI=0.902，TLI=0.918							

注：*** $P<0.001$。

(6) 共享目标对创业绩效的影响效应检验。

运用 AMOS 软件对“共享目标对创业绩效的影响效应”进行结构方程建模，如图 3.8 所示。模型的拟合度指标：$\chi^2=617.644$，$df=151$，$\chi^2/df=4.090$，RMSEA = 0.074，GFI = 0.832，CFI = 0.950，TLI = 0.941；$\chi^2/df<5$，RMSEA<0.08，GFI>0.8，CFI 和 TLI>0.9，说明模型的拟合效果较好。“共享目标—创业绩效”的标准化路径系数为 0.478，在 $P<0.001$ 水平下显著，说明这条路径显著。从模型拟合效果和显著性指标看，共享目标对创业绩效有显著的正向影响，即假设 7 得到了验证。

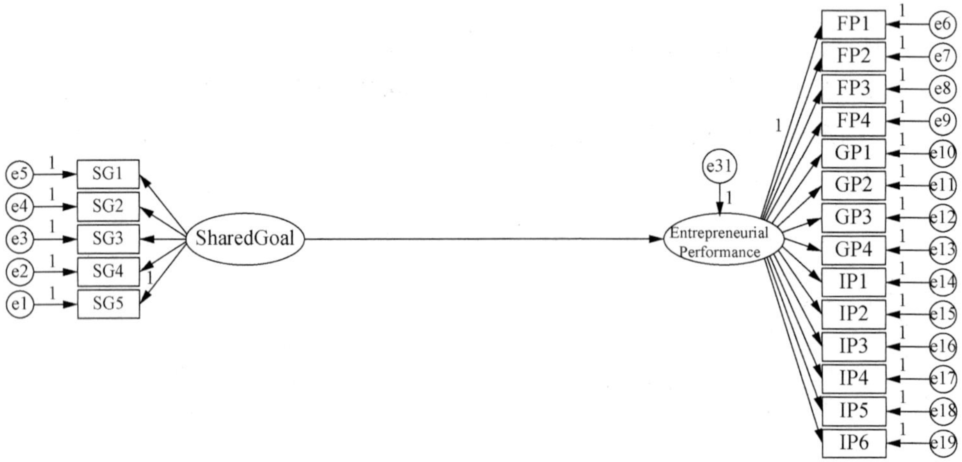

图 3.8 共享目标对创业绩效影响效应的结构方程模型

表 3.20　共享目标对创业绩效影响效应的结构方程建模结果

路径			标准化因子负荷	未标准化因子负荷	S.E.	C.R.	P
创业绩效	←	共享目标	0.478	0.551	0.097	5.664	***
拟合度指标：χ^2 = 617.644，df = 151，χ^2/df = 4.090，RMSEA=0.074，GFI=0.832，CFI=0.950，TLI=0.941							

注：*** P<0.001。

2. 中介效应的结构方程模型分析

运用结构方程及建模法检验中介效应分为三个步骤，如图 3.9 所示，其中 X 为自变量，Y 为因变量，M 为中介变量。

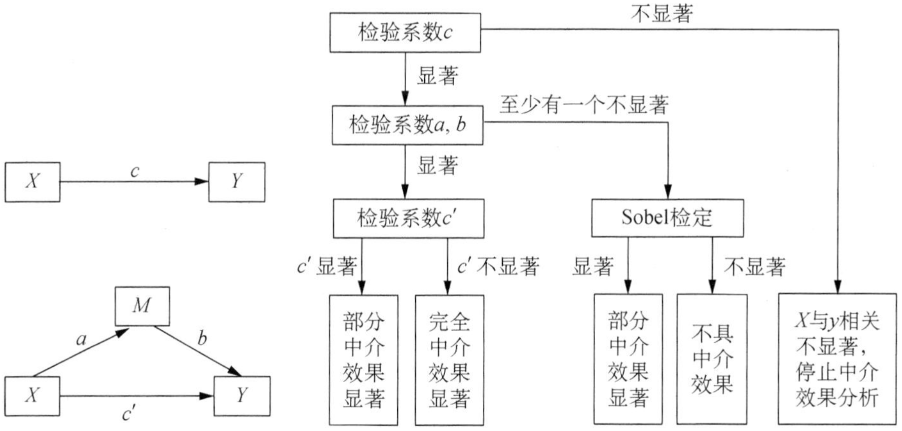

图 3.9　中介效应检验程序

步骤一，构建自变量和因变量的结构方程模型，检验两者间路径系数 c 的显著性。若显著，则进行下一步骤；若不显著，则自变量与因变量相关性不显著，停止中介效应分析。

步骤二，构建中介变量中介效应的结构方程模型，检验自变量到中介变量的路径系数 a，和中介变量到因变量的路径系数 b 的显著性。

步骤三，若两系数均显著，则检验自变量到因变量的路径系数 c' 显著性，若显著，则部分中介效果显著，若不显著，则完全中介效果显著；若两系数至少有一个不显著，则需进行 Sobel 检定，若 Sobel 检定结果显著，则部分中介效果显著，若不显著，则不具备中介效果。

(1) 网络异质性对“效果推理—创业绩效”关系的中介效应检验。

步骤一的检验结果如表 3.21 所示，路径系数显著，表明自变量和因变量之间有显著相关性，可以进行下一步分析。步骤二的中介效应结构方程模型如图 3.10 所示，模型拟合度指标：$\chi^2 = 1\ 060.625$，$df = 398$，$\chi^2/df = 2.665$，RMSEA = 0.076，GFI = 0.830，CFI = 0.958，TLI = 0.936；$\chi^2/df < 3$，RMSEA<0.08，GFI>0.8，CFI 和 TLI 均大于 0.9，拟合效果良好。显著性检验结果如表 3.21 所示，其中“效果推理—网络异质性”和“网络异质性—创业

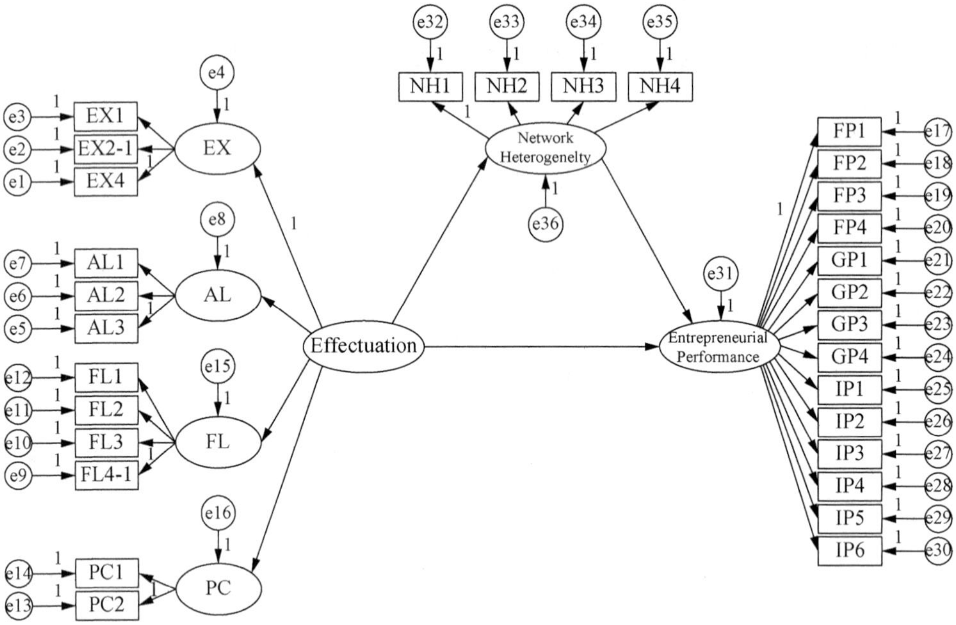

图 3.10 网络异质性对“效果推理—创业绩效”关系的中介效应的结构方程模型

表 3.21 网络异质性对“效果推理—创业绩效”关系的中介效应的结构方程建模结果

路径			标准化因子负荷	未标准化因子负荷	S.E.	C.R.	*P*
网络异质性	←	效果推理	0.333	0.574	0.162	3.542	***
创业绩效	←	网络异质性	0.23	0.25	0.072	0.315	***
创业绩效	←	效果推理	0.243	0.869	0.174	4.989	*
拟合度指标：$\chi^2 = 1\ 060.625$，$df = 398$，$\chi^2/df = 2.665$，RMSEA=0.076，GFI=0.830，CFI=0.958，TLI=0.936							

注：*** $P<0.001$，* $P<0.050$。

绩效”的路径系数均显著。且加入网络异质性之后，“效果推理—创业绩效”的路径系数由 $\beta=0.890(P<0.001)$ 降低为 $\beta=0.869(P<0.05)$，显著性明显降低，由此可见网络异质性对效果推理与创业绩效之间的关系起到了部分中介的作用，假设 4 被部分验证。

（2）共享目标对“因果推理—创业绩效”关系的中介效应检验。

步骤一的检验结果如表 3.22 所示，路径系数显著，表明自变量和因变量之间有显著相关性，可以进行下一步分析。步骤二的中介效应结构方程模型如图 3.11 所示，模型拟合度指标：$\chi^2=898.466$，$df=296$，$\chi^2/df=3.035$，RMSEA$=0.069$，GFI$=0.826$，CFI$=0.927$，TLI$=0.967$；$\chi^2/df<5$，RMSEA<0.08，GFI>0.8，CFI 和 TLI 均大于 0.9，拟合效果良好。显著性检验结果如表 3.22 所示，其中“因果推理—共享目标”和“因果推理—创业绩效”的路径系数均显著。且加入网络异质性之后，“因果推理—创业绩效”的路径系数由 $\beta=0.813(P<0.001)$ 降低为 $\beta=0.756(P<0.050)$，相关系数和显著性明显降低，由此可见共享目标对因果推理与创业绩效之间的关系起到了部分中介的作用，假设 8 被部分验证。

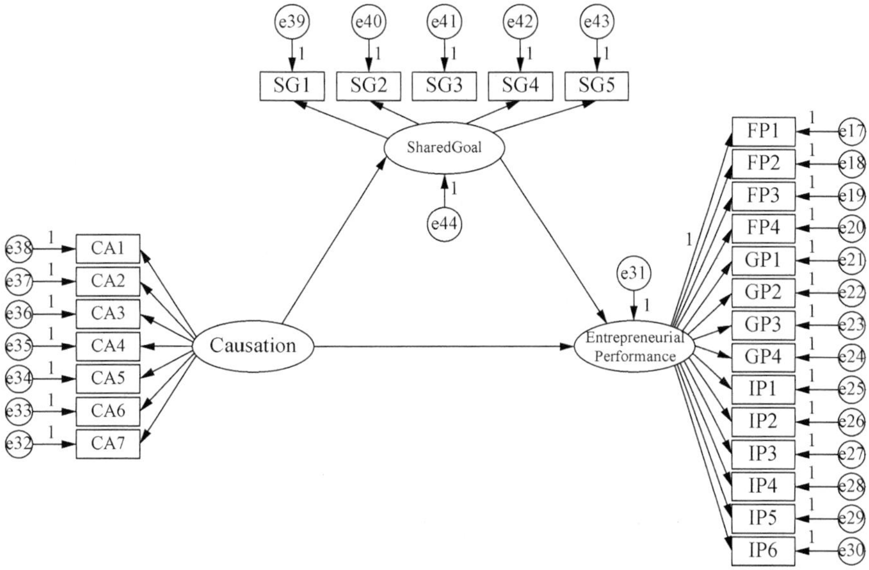

图 3.11　共享目标对“因果推理—创业绩效”关系的中介效应的结构方程模型

表 3.22　共享目标对“因果推理—创业绩效”关系的中介效应的结构方程建模结果

路径			标准化因子负荷	未标准化因子负荷	S.E.	C.R.	P
共享目标	←	因果推理	0.727	0.789	0.103	7.636	***
创业绩效	←	共享目标	0.049	0.058	0.072	0.315	***
创业绩效	←	因果推理	0.593	0.756	0.161	4.686	*
拟合度指标：$\chi^2=898.466$，$df=296$，$\chi^2/df=3.035$，RMSEA=0.069，GFI=0.826，CFI=0.927，TLI=0.967							

注：*** $P<0.001$，* $P<0.050$。

（六）中介效应检验

以上通过结构模型建构检验中介效应的方法尚未得到学术界的一致认同。为更审慎地检验网络异质性和共享目标的中介作用，本研究采用层次回归法，分三个步骤对中介效应进行了再次检验。

(1) 网络异质性对“效果推理—创业绩效”关系的中介效应验证。

步骤一，检验自变量对结果变量的影响。在引入控制变量（企业规模、成立年限、创业经验）的基础上，将自变量放入回归方程，检验效果推理对创业绩效的影响。

步骤二，检验自变量对中介变量的影响。在引入控制变量的基础上，将自变量放入回归方程，检验效果推理对网络异质性的影响。

步骤三，检验中介效应。在引入控制变量和自变量的基础上，将中介变量放入回归方程，检验效果推理和网络异质性对创业绩效的影响。结果如表 3.23 所示。

由模型 4 可知，效果推理对创业绩效有显著的正向影响（M4：$\beta=0.609$，$P<0.001$），假设 1 再次得到验证。由模型 2 可知，效果推理对网络异质性有显著的正向影响（M2：$\beta=0.444$，$P<0.001$），假设 2 再次得到验证。对比模型 4 和模型 5，在引入网络异质性之后，效果推理对创业绩效的影响由 0.609 下降为 0.536，显著性由在 0.1%的显著性水平上显著变为在 5%的显著性水平上显著，显著性明显降低。而网络异质性对创业绩效有显著影响（M5：$\beta=0.164$，$P<0.001$）。因此网络异质性在效果推理与创业绩效的关系中起到部分中介作用。

表 3.23　网络异质性的中介效应检验($N=209$)

	网络异质性		创业绩效		
	M1	M2	M3	M4	M5
(第一步)控制变量					
企业规模	0.296*	0.230*	0.349***	0.259**	0.221*
成立年限	−0.005	0.001	0.030	0.037	0.037
创业经验	−0.099*	−0.114**	−0.058	−0.078*	−0.059
(第二步)自变量					
效果推理		0.444***		0.609***	0.536*
(第三步)中介变量					
网络异质性					0.164***
R^2	0.053	0.160	0.086	0.303	0.327
F 值	3.798*	9.685***	6.415***	19.723***	22.129***
R^2 值变化	0.053	0.107	0.086	0.235	0.024
F 值变化	3.798*	5.887***	6.415***	13.308***	2.406***

注:*** $P<0.001$, ** $P<0.01$, * $P<0.050$。

(2) 共享目标对“因果推理—创业绩效”关系的中介效应验证。

步骤一,检验自变量对结果变量的影响。在引入控制变量(企业规模、成立年限、创业经验)的基础上,将自变量放入回归方程,检验因果推理对创业绩效的影响。

步骤二,检验自变量对中介变量的影响。在引入控制变量的基础上,将自变量放入回归方程,检验因果推理对共享目标的影响。

步骤三,检验中介效应。在引入控制变量和自变量的基础上,将中介变量放入回归方程,检验因果推理和共享目标对创业绩效的影响。结果如表 3.24 所示。

由模型 4 可知,因果推理对创业绩效有显著的正向影响(M4:$\beta=0.552$, $P<0.001$),假设 5 再次得到验证。由模型 2 可知,因果推理对共享目标有显著的正向影响(M2:$\beta=0.638$, $P<0.001$),假设 6 再次得到验证。对比模型 4 和模型 5,在引入共享目标之后,因果推理对创业绩效的影响由 0.552 下降为 0.464,显著性由在 0.1%的显著性水平上显著变为在 5%的显著性水平上显著,显著性明显降低。而共享目标对创业绩效有显著影响(M5:$\beta=0.137$, $P<0.001$)。因此共享目标在因果推理与创业绩效的关系中起到部分中介作用。

表 3.24 共享目标的中介效应检验($N=209$)

	共享目标		创业绩效		
	M1	M2	M3	M4	M5
(第一步)控制变量					
企业规模	0.174	0.011	0.349***	0.208*	0.207*
成立年限	−0.023	−0.027	0.030	0.027	0.030
创业经验	0.043	0.084**	−0.058	−0.023	−0.035
(第二步)自变量					
因果推理		0.638***		0.552***	0.464**
(第三步)中介变量					
共享目标					0.137***
R^2	0.029	0.424	0.086	0.338	0.327
F 值	2.075	37.473***	6.415***	26.011***	22.129***
R^2 值变化	0.029	0.395	0.086	0.252	0.024
F 值变化	2.075	35.398***	6.415***	19.596***	2.406***

注：*** $P<0.001$，** $P<0.01$，* $P<0.050$。

(七) 调节效应检验

本节采用层次回归法验证共享目标对网络异质性与创业绩效关系的调节作用，分三个步骤进行。

步骤一，考虑到控制变量(企业规模、成立年限、创业经验)可能对因变量(创业绩效)产生影响，因此首先将控制变量引入回归方程。

步骤二，在放入控制变量的基础上，将自变量(网络异质性)和调节变量(共享目标)同时放入回归方程中。

步骤三，在步骤二的基础上，将自变量和调节变量的交互项放入回归方程。层次回归分析的结果如表 3.25 所示。

由模型 1 可知，控制变量中仅企业规模对创业绩效的影响显著。企业成立年限和创业者创业经验对创业绩效的影响不显著。由模型 2 可知，网络异质性($\beta=0.248$，$P<0.001$)和共享目标($\beta=0.392$，$P<0.001$)对创业绩效均有显著影响，且 R^2 显著提升，说明模型对整体的解释度显著提升。由模型 3 可知，网络异质性与共享目标的交互项($\beta=0.580$，$P<0.001$)对创业绩效有显著的正向影响，表明共享目标对网络异质性与创业绩效之间的关系有正向调节作用。共享目标程度越高，网络异质性与创业绩效之间的正相关关系越强；共享目标程度越弱，

网络异质性与创业绩效之间的正相关关系越弱。因此,假设 9 得到了验证。

表 3.25　调节作用回归分析(N=209)

	创业绩效		
	M1	M2	M3
(第一步)控制变量			
企业规模	0.349***	0.207*	0.206*
成立年限	0.030	0.040	0.042
创业经验	−0.058	−0.050	−0.051
(第二步)主效应			
网络异质性		0.248***	0.231***
共享目标		0.392***	0.387***
(第三步)调节作用			
网络异质性×共享目标			0.580***
R^2	0.086	0.303	0.412
F 值	6.415***	17.612***	22.252***
R^2 值变化	0.086	0.217	0.109
F 值变化	6.415***	11.197***	4.64***

注:*** $P<0.001$, ** $P<0.01$, * $P<0.050$。

为更直观地展示调节效应,本节采用简单坡度分析法,将共享目标按均值加减一个标准差分为高共享目标和低共享目标两组,分别进行回归分析,得到回归系数,结果如图 3.12 所示,描绘了当合作企业间目标共享程度不同时,网络异质性对创业绩效的影响。

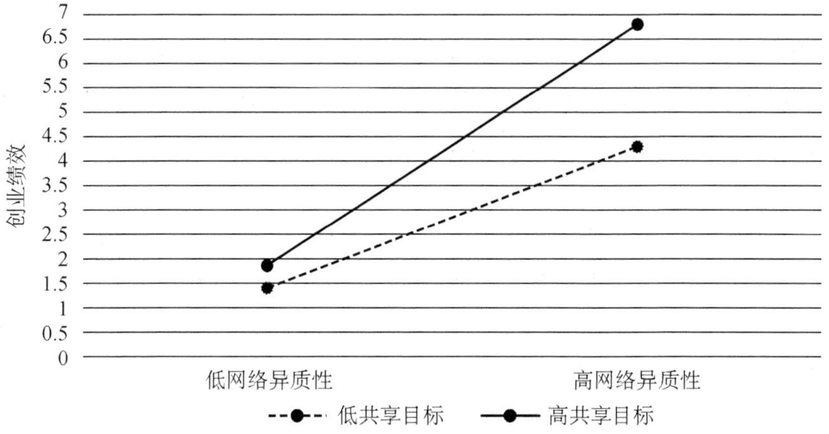

图 3.12　共享目标的调节作用

五、实证结果讨论

效果推理对创业绩效有显著的正向影响($\beta=0.890$, $P<0.001$)。效果推理决策逻辑下创业者的一系列试验、保持企业柔性、承担可承受损失范围内的风险以及广泛搜寻合作伙伴获得先前承诺的行为,为了在资源约束下不断尝试以实现现阶段所能达成的最好结果,提升企业存活与发展的成功率,从而创业绩效(成长绩效、财务绩效、创新绩效)得以提升。

效果推理对网络异质性有显著的正向影响($\beta=0.603$, $P<0.001$)。遵循效果推理决策逻辑的创业者从"我是谁""我了解什么""我认识谁"出发,在拥抱意外事件的过程中拓展企业的合作网络,进行资源的扩张循环,在此过程中将不同业务主体、不同企业规模、不同地域及不同类型但能够为企业提供有益资源的企业纳入合作伙伴网络中,这些行为促进了企业合作网络异质性的提升。

网络异质性对创业绩效具有正向影响($\beta=0.227$, $P<0.001$)。异质性和合作网络能够为企业带来异质性的资源。对开发和利用异质性资源,为企业提升财务绩效、成长绩效、创新绩效提供了更多要素组合。网络异质性在效果推理和创业绩效的关系中起到部分中介作用。创业者的效果推理决策逻辑和行为建立了异质性的合作网络,从而促进企业创业绩效的提升。

因果推理对创业绩效有正向影响($\beta=0.813$, $P<0.001$)。因果推理决策逻辑下,创业者注重对未来的预测,在审慎的竞争分析后设定具体目标并制订计划,搜寻资源以实现预设目标。这一以明确目标为指引的过程能够带领企业实现更高的创业绩效。

因果推理对共享目标有正向影响($\beta=0.797$, $P<0.001$)。遵循因果推理决策逻辑和行为的创业者在搜寻资源和建立合作网络的过程中目标性更强,注重与网络中合作伙伴在更广范围和更深层次上沟通,有助于在合作伙伴间建立共享目标。

共享目标对创业绩效有正向影响($\beta=0.551$, $P<0.001$),且在因果推理和创业绩效的关系中起到部分中介作用。创业者的因果推理行为在合作企业间建立了共享目标,共享目标的建立使得合作企业向共同目标以共同认可的行为规范而努力,有助于企业提升创业绩效。

合作企业间的目标共享程度越高,效果推理与创业绩效之间的正相关关系越强;目标共享程度越低,则效果推理与创业绩效之间的正相关关系越弱。当合作企业间有共同的行动目标和行为规范时,网络中的异质性资源流动和交换则更为顺畅,网络中的企业在共同认可的行为规范下更为紧密地协作,对网络中异质性资源的利用更为充分,从而能够使异质性网络中对提升创业绩效发挥更大的作用。

六、小结

本次实证研究中,除假设 4 和假设 8 仅得到部分验证外,其余假设都通过了验证,如表 3.26 所示。

表 3.26 效果推理与因果推理对创业绩效的影响机制研究假设验证情况汇总

编号	假设内容	验证结果
H1	效果推理对创业绩效有显著的正向影响	支持
H2	效果推理对网络异质性有显著的正向影响	支持
H3	网络异质性对创业绩效有显著的正向影响	支持
H4	网络异质性在效果推理对创业绩效的影响中起中介作用	部分支持
H5	因果推理对创业绩效有显著的正向影响	支持
H6	因果推理对共享目标有显著的正向影响	支持
H7	共享目标对创业绩效有显著的正向影响	支持
H8	共享目标在因果推理对创业绩效的影响中起中介作用	部分支持
H9	共享目标对网络异质性与创业绩效之间的关系有正向调节作用。共享目标程度越高,网络异质性与创业绩效之间的正相关关系越强;共享目标程度越弱,网络异质性与创业绩效之间的正相关关系越弱	支持

第5节 结论与展望

一、主要结论

效果推理作为有望在解释新创企业行为方面获得新突破的理论，受到国内外学者越来越多的关注。目前已有部分研究关注效果推理与创业绩效的关系但对其影响机制的解释存在很大不足，更少有研究对比效果推理与因果推理对创业绩效的不同影响以及效果推理和因果推理的整合机制。本研究从创业网络的视角出发，研究创业者不同的决策逻辑通过影响创业网络进一步影响创业绩效的作用机制。本研究运用效果推理理论和社会网络理论，采用问卷调查的方法，通过因子分析、相关分析、结构方程分析和回归分析方法，对理论模型和假设进行了检验，得到了一些有价值的结论。

(1) 效果推理对创业绩效有积极的预测作用，网络异质性在这一关系中起到部分中介作用。采用效果推理逻辑的创业者通过试验的手段尝试不同的产品和商业模式，承担可承受范围内的损失，保持企业柔性，拥抱意外事件和变化并在此过程中广泛联合对企业的发展可能有作用的个人与企业，获取尽可能多的先前承诺，不因该个人或企业无法立即对企业目标的实现做出显性贡献就放弃将其纳入企业创业网络，这种“不拘一格降人才”的合作网络建立模式增强了企业的网络异质性，为企业带来了更多非冗余资源。利用这些有价值资源有助于企业提升创业绩效。

(2) 因果推理对创业绩效有积极的预测作用，共享目标在这一关系中起到部分中介作用。采用因果推理逻辑的创业者注重设立目标与规划路径，将战略目标逐步细化为阶段性目标，并精确寻找在每一阶段能够帮助企业实现目标的个体与企业，与之建立联结，努力使企业的发展目标得到合作企业的认同从而在合作网络间建立起共享目标。共享目标扩展了企业间的合作范围，加深了合作深度，这种更为广泛和紧密的合作有助于企业实现创业目标，促进企业绩效的提升。

(3) 共享目标对网络异质性与创业绩效之间的关系有正向调节作用。共享目标程度越高，网络异质性与创业绩效之间的正相关关系越强；共享目标程度越弱，网络异质性与创业绩效之间的正相关关系越弱。当异质性网络中成员间的共享目标程度高时，网络成员间的合作更为有序，网络间的异质性资源能够得到更有效的利用，因而异质性网络对创业绩效的促进作用更为明显。

二、理论意义

首先，构建了效果推理与因果推理影响创业绩效的理论模型，并进行了实证检验。效果推理理论作为创业领域的新兴理论受到广泛研究关注。当前学者们针对效果推理对创业绩效的影响已有部分研究，但其中实证研究较少，尤其是对其作用机制的研究不足。构建了效果推理、因果推理对创业绩效的影响模型，丰富了效果推理和因果推理对企业的影响的相关研究成果。

其次，在验证效果推理和因果推理分别对创业绩效具有影响的同时，还探究了该影响过程的作用机制。效果推理通过提升网络异质性而提升创业绩效，因果推理通过提升目标共享程度而提升创业绩效。本研究从社会网络的角度分别解释了效果推理和因果推理对创业绩效的影响机制，为效果推理和创业绩效领域的研究提供了新的视角。

最后，学术界当前对效果推理和因果推理在企业中共存机制的研究较少。本文分别探究二者影响创业绩效的作用路径，对比效果推理和因果推理对创业绩效的影响。同时在模型中考虑目标共享程度这一情境因素，探讨在共享目标程度不同的情况下，效果推理对创业绩效的影响作用是否有所不同，克服了关于效果推理的研究忽视情境因素的缺陷。

三、实践意义

提高创业企业生存率，提升创业绩效，是社会对创业领域研究的迫切期待。本研究验证了效果推理对创业绩效有正向影响，网络异质性在效果推理和创业绩效的关系间起中介作用，启示创业者在充满不确定性并难以预测的环境中，从已有资源出发进行资源的扩张循环，将具有不同属性的企业纳入企业的合作网络中，利用异质性网络带来的异质性资源促进创业绩效的提升。

此外，本研究验证了因果推理对创业绩效有正向影响，共享目标在因果推理和创业绩效的关系间起中介作用，为创业者描绘了从因果推理到在合作网络成员企业间建立共享目标从而提升创业绩效的行动路线图。同时，验证了共享目标对效果推理和创业绩效之间的关系具有正向调节作用。采用效果推理逻辑的创业者在进行资源的扩张循环过程中很可能陷入仅注重网络规模的扩张和网络异质性的提升而忽视网络管理的误区。研究成果启示创业者在进行网络扩张的过程中，注重对网络的管理，及时在网络成员间建立共同认可的目标和行为规范，在合作网络成员间达到“求同存异”的效果，以获取更多的异质性资源并使得这些资源发挥更大的效用从而促进创业绩效的提升。

四、局限和展望

本研究的局限之一在于受到研究条件限制，对变量的测量均由创业者个人做出评价。在今后的研究中，可以识别同一合作网络中的不同企业，对同一合作网络中的多个企业的创业者分别进行问卷调查，从而避免同源偏差的影响，进一步增强研究结果的可靠性。

本研究的中介变量仅起到部分中介作用，表明仍有其他因素分别在效果推理和因果推理对创业绩效的影响中起传导作用。在今后的研究中，可继续探寻起到中介作用的变量，以进一步完善效果推理和因果推理影响创业绩效的作用机制。

本研究仅考察了共享目标这一情境因素对效果推理和创业绩效关系的影响，但仍有很多其他创业者的个人和环境等情境因素未考虑在内，未能考察在更多情境下，效果推理与因果推理的有效性。在今后的研究中，可将更多的情境因素作为调节变量，引入研究模型中。

本研究虽然通过将效果推理和因果推理同时纳入理论模型从而对比了二者对创业绩效的影响和作用机制，但对二者在创业企业中的共生共存机制探索不足。效果推理与因果推理能否在一定条件下相互转化？创业者对二者的选择受到哪些因素的影响？运用不同决策逻辑的创业者的创业绩效是否有明显差异？这些问题都有待今后的进一步研究。

参考文献

崔连广，张敬伟，邢金刚. 不确定环境下的管理决策研究——效果推理视角[J]. 南开管理评论，2017，20(5)：105-115.

崔连广，张玉利，何一清. 效果推理理论视角下企业创新与绩效提升机制研究[J]. 科学学与科学技术管理，2017，38(09)：68-79.

郭润萍. 手段导向、知识获取与新企业创业能力的实证研究[J]. 管理科学，2016，29(3)：13-23.

胡海青，王兆群，张颖颖，等. 创业网络、效果推理与新创企业融资绩效关系的实证研究——基于环境动态性调节分析[J]. 管理评论，2017，29(6)：61-72.

李正卫，高蔡联，张祥富. 创始人前摄性个性对企业创新绩效的影响——社会网络的中介作用[J]. 科学学研究，2013，31(11)：1752-1759.

林琳，陈万明，张晓燕. 手段导向、外部知识搜寻与科技创新绩效[J]. 技术经济与管理研究，2018，5：3-7.

彭学兵，王乐，刘玥伶，等. 创业网络、效果推理型创业资源整合与新创企业绩效关系研究[J]. 科学学与科学技术管理，2017，38(6)：157-170.

芮正云，罗瑾琏. 企业创新搜寻策略的作用机理及其平衡——一个中国情境下的分析框架与经验证据[J]. 科学学研究，2016，34(5)：771-780.

苏晓华，陈嘉茵，张书军，等. 求财还是求乐？——创业动机、决策逻辑与创业绩效关系的探索式研究[J]. 科学学与科学技术管理，2018，39(2)：116-129.

苏晓华，杨赛楠，吴琼珠，等. 企业创业自我效能感、决策逻辑与创业绩效关系研究. 南方经济，2018(10)：113-131.

王莉红，顾琴轩，俞明传. 创造力由个体向团队涌现的边界机制：目标共享与多元化视角[J]. 科技管理研究，2016，36(20)：123-129.

王玲玲，赵文红，魏泽龙. 效果逻辑、创业学习与新创企业新颖型商业模式设计[J]. 研究与发展管理，2018，30(4)：139-151.

吴隽，刘衡，刘鹏，等. 机会进化、效果推理与移动互联微创新——对手机 APP 新创企业的多案例研究[J]. 管理学报，2016，13(2)：173-183.

吴隽，张建琦，刘衡，等. 新颖型商业模式创新与企业绩效：效果推理与因果推理的调节作用[J]. 科学学与科学技术管理，2016，37(4)：59-69.

熊捷，孙道银.企业社会资本、技术知识获取与产品创新绩效关系研究[J].管理评论，2017，29(5)：23-39.

尹苗苗，李秉泽，杨隽萍.中国创业网络关系对新企业成长的影响研究[J].管理科学，2015，s28(6)：27-38.

张宝建，孙国强，裴梦丹，等.网络能力、网络结构与创业绩效——基于中国孵化产业的实证研究[J].南开管理评论，2015，18(2)：39-50.

张玉利，田新，王瑞.创业决策：Effectuation 理论及其发展[J].研究与发展管理，2011，2：48-57.

朱秀梅，李明芳.创业网络特征对资源获取的动态影响——基于中国转型经济的证据[J].管理世界，2011，(6)：105-115，188.

ANDERSSON S. International entrepreneurship, born globals and the theory of effectuation [J]. Journal of Small Business and Enterprise Development, 2011, 18(3): 627-643.

AREND R J, SAROOGHI H, BURKEMPER A. Effectuation as ineffectual? Applying the 3E theory-assessment framework to a proposed new theory of entrepreneurship[J]. Academy of Management Review, 2015, 40(4): 630-651.

BARRINGER B R, JEFFREY S H. Walking a tightrope: creating value through inter-organizational relationships. Journal of Management, 2000, 3: 30-36.

BERENDS H, JELINEK M, REYMEN I, et al. Product innovation processes in small firms: combining entrepreneurial effectuation and managerial causation[J]. Journal of Product Innovation Management, 2014, 31(3): 616-635.

BRETTEL M, MAUER R, ENGELEN A, et al. Corporate effectuation: entrepreneurial action and its impact on R&D project performance[J]. Journal of Business Venturing, 2012, 27(2): 167-184.

BURT R S. Structural holes: the social structure of competition[M]. Cambridge, MA: Harvard University Press, 1992.

CAI L, GUO R, FEI Y, et al. Effectuation, exploratory learning and new venture performance: evidence from China[J]. Journal of Small Business Management, 2017, 55(3): 388-403.

CHANDLER G N, DETIENNE D R, MICELVIE A, et al. Causation and effectuation processes: a validation study[J]. Journal of Business venturing, 2011, 26(3): 375-390.

CHETTY S, OJALA A, LEPPAAHO T. Effectuation and foreign market entry of entrepreneurial firms[J]. European Journal of Marketing, 2015, 49(9): 1436-1459.

COOMBES, S M T, MORRIS M H, ALLEN J A, et al. Behavioural orientations of non-profit boards as a factor in entrepreneurial performance: Does governance matter? [J].

Journal of Management Studies. 2011, 48(4): 829-856.

COSTA A F, BRETTEL M. Employee effectuation—what makes corporate employees act like entrepreneurs? [J]. Frontiers of Enterpreneurship Research, 2011, 31 (17): 555-566.

DELIGIANNI I, VOUDOURIS I, LIOUKAS S. Do effectuation processes shape the relationship between product diversification and performance in new ventures? [J]. Entrepreneurship Theory and Practice, 2017, 41(3): 349-377.

ENGEL Y, KAANDORP M, ELFRING T. Toward a dynamic process model of entrepreneurial networking under uncertainty[J]. Journal of Business Venturing, 2017, 32(1): 35-51.

FRIEDKIN N E. Information flow through strong and weak ties in intraorganizational social networks[J]. Social Networks, 1982, 3(4):273-285.

FUTTERER F, SCHMIDT J, HEIDENREICH S. Effectuation or causation as the key to corporate venture success? investigating effects of entrepreneurial behaviors on business model innovation and venture performance[J]. Long Range Planning, 2018, 51(1): 64-81.

GABRIELSSON J, POLITIS D. Career motives and entrepreneurial decision-making: Examining preferences for casual and effectual logics in the early stage of new ventures [J]. Small Business Economics, 2011, 36(3): 281-298.

GALKINA T, CHETTY S. Effectuation and networking of internationalizing SMEs[J]. International Management Review, 2015, 55(5):647-676.

GALKINA T, LUNDGREN-HENRIKSSON E. Coopetition as an entrepreneurial process: interplay of causation and effectuation[J]. Industrial Marketing Management, 2017, 67(11): 158-173.

GRANOVETTER M S. Economic action and social structure: the problem of embeddedness [J]. American Journal of Sociology, 1985, 91(3):481-510.

GRANOVETTER M S. The strength of weak ties[J]. American Journal of Sociology, 1973:136.

GUO R, CAI L, ZHANG W. Effectuation and causation in new internet venture growth[J]. Internet Research, 2016, 26(2): 460-483.

GUO R. Effectuation, opportunity shaping and innovation strategy in high-tech new ventures. Management Decision, 2018, 57(1), 115-130.

HAGEDOORN J. Understanding the cross-level embeddedness of interfirm partnership formation[J]. Academy of Management Review, 2006, 31(3):670-680.

HOLLYWAY S S, SEBASTIAO H J. The role of business model innovation in the emergence of markets: a missing dimension of entrepreneurial strategy? [J]. Journal of Strategic Innovation & Sustainability, 2010, 6(4): 1-19.

IM J. The role of effectuation in new product development of new ventures[J]. Academy of Management Proceedings, 2013(1): 17453-17453.

JIANG, Y, TORNIKOSKI E T. Perceived uncertainty and behavioral logic: Temporality and unanticipated consequences in the new venture creation process[J]. Journal of Business Venturing, 2019, 34(1): 23-40.

JOHANSSON A, MCKELVIE A. Unpacking the antecedents of effectuation and causation corporate context[J]. Frontiers of Entrepreneurship Research, 2012, 32(17): 1-15.

KALINIC I, SARASVATHY S D, FORZA C. Expect the unexpected: implications of effectual logic on the internationalization process[J]. International Business Reviews, 2014, 23(3): 635-647.

KNIPPENBERG D V, DAWSON J F, WEST M A, et al. Diversity faultlines, shared objectives, and top management team performance[J]. Human Relations, 2011, 64(3): 307-336.

KRACKHARDT D. The strength of strong ties: The importance of philos in organizations. Networks and Organizations: Structure, Form, and Action[M]. Harvard Business School Press, 1992, 216-239.

LAINE I, GALKINA T. The interplay of effectuation and causation in decision making: Russian SMEs under institutional uncertainty[J]. International Entrepreneurship and Management Journal, 2017, 13(3): 905-941.

LARCKER D F, SO E C, WANG C C Y. Boardroom centrality and firm performance[J]. Journal of Accounting and Economics, 2013, 55(2-3): 225-250.

LI H, ATUAHENE-GIMA K. Product innovation strategy and performance of new high technology ventures in China[J]. Academy of Management Journal, 2001, (12): 1123-1134.

LONG D, XIA Z, HU W. How does entrepreneurial opportunity affect the decision-making process of effectuation? [J]. Evidence from China. Kybernetes, 2017, 46(6): 980-999.

MARINA ESTRADA DE LA CRUZ, ANTONIO J, VERDÚ J, et al. Influence of the entrepreneur's social identity on business performance through effectuation[J]. European Research on Management and Business Economics, 2018, 24(2): 90-96.

MTHANTI T S, URBAN B. Effectuation and entrepreneurial orientation in high-technology firms[J]. Technology Analysis and Strategic Management, 2014, 26(2): 121-133.

PARRA-REQUENA G, MOLINA-MORALES F X, GARCÍA-VILLAVERDE P M. The mediating effect of cognitive social capital on knowledge acquisition in clustered firms[J]. Growth and Change, 2010, 41(1): 59-84.

PERRY J T, CHANDLER G N, MARKOVA G. Entrepreneurship effectuation: A review and suggestions for future research[J]. Entrepreneurship: Theory and Practice, 2012, 36(4): 837-861.

PFEFFER L, KHAN M S. Causation and effectuation: An exploratory study of New Zealand entrepreneurs[J]. Journal of Technology Management & Innovation, 2018, 13(1): 27-37.

PODOLNY J M, BARON J N. Relationships and resources: Social networks and mobility in the workplace[J]. American Sociological Review, 1997, 62(5):673-693.

POLANYI K. The great transformation: The political and economic origins of our time[M]. Boston MA: Beacon Press, 1944.

PRASHANTHAM S, KUMAR K, BHAGAVATULA S, et al. Effectuation, network-building and internationalisation speed [J]. International Small Business Journal: Researching Entrepreneurship, 2018, 1-19.

READ S, SARASVATHY S D, DEW N, et al. Response to Arend, Sarooghi, and Burkemper(2015): cocreating effectual entrepreneurship research [J]. Academy of Management Review, 2016, 41(3): 528-536.

READ S, SARASVATHY S D. Knowing what to do and doing what you know: effectuation as a form of entrepreneurial expertise[J]. Journal of Private Equity, 2005, 9(1): 45-62.

REUBER A R, FISCHER E, COVIELLO N. Deepening the dialogue: new directions for the evolution of effectuation theory[J]. Academy of Management Review, 2016, 41(3): 536-540.

REYMEN I, BERENDS H, OUDEHAND R, et al. Decision making for business model development: a process study of effectuation and causation in new technology-based ventures[J]. R&D Management, 2017, 47(4): 595-606.

ROACH D C, RYMAN J A, MAKANI J. Effectuation, innovation and performance in SMEs: an empirical study[J]. Europen Journal of Innovation Management, 2016, 19(2): 214-238.

SARASVATHY S D. Causation and effectuation: toward a theoretical shift from economic inevitability to entrepreneurship contingency[J]. Academy of Management Review, 2001, 26(2): 243-263.

SARASVATHY S D. Effectuation: elements of entrepreneurship expertise [M].

Northampton, MA, US: Edward Elgar Publishing, 2009.

SARASVATHY S D, KUMA K, YORK J G, et al. An effectual approach to international entrepreneurship: Overlaps, challenges, and provocative possibilities [J]. Entrepreneurship Theory and Practice. 2014, 38(1): 71-93.

SCHMIDT S, BENDIG D, BRETTEL M. Building an equity story: the impact of effectuation on business angel investments [J]. Journal of Business Economics, 2018, 88 (3): 471-501.

Shi X., Adamic, L. A., Strauss, M. J. Networks of strong ties. Physica A: Statistical Mechanics and its Applications, 2007, 378(1):33-47.

SMOLKA K M, VERHEUL I, BURMEISTER-LAMP K, et al. Get it together! Synergistic effects of causal and effectual decision-making logics on venture performance [J]. Entrepreneurship Theory and Practice, 2018, etap. 12266.

STRITAR R, DRNOVŠEK M. What entrepreneurs discover when creating opportunities? Insights from Skype and YouTube ventures [J]. International Entrepreneurship and Management Journal. 2016, 12(3): 659-679.

STROE S, PARIDA V, WINCENT J. Effectuation or causation: an fsQCA analysis of entrepreneurial passion, risk perception, and self-efficacy [J]. Journal of Business Research, 2018, 89(8): 265-272.

TEECE D, PISANO G, SHUEN A. Dynamic capabilities and strategic management [J]. Strategic Management Journal, 1997, 18(7):509-533.

TSAI W. Social capital, strategic relatedness and the formation of intraorganizational linkages [J]. Strategic Management Journal, 2000, 21(9): 925-939.

UZZI B. Social structure and competition in interfirm networks: the paradox of embeddedness [J]. Administrative Science Quarterly, 1997, 42(1):35-67.

UZZI B. The source and consequences of embeddedness for the economic performance of organizations: the network effect [J]. American Sociological Review, 1996, 61 (4): 674-698.

VILLANI E, LINDER C, GRIMALDI R. Effectuation and causation in science-based new venture creation: A configurational approach [J]. Journal of Business Research, 2018, 83:173-185.

WELTER C, KIM S. Effectuation under risk and uncertainty: A simulation model [J]. Journal of Business Venturing, 2018, 33(1): 100-116.

WERNERFELT B. A resource-based view of the firm [J]. Strategic Management Journal, 1984, 5(2):171-180.

YANG X, SUN S L, ZHAO X. Search and execution: examining the entrepreneurial cognitions behind the lean startup model. Small Business Economics, 2018:1-13.

YU X, TAO X, TAO Y, et al. Managing uncertainty in emerging economies: The interaction effects between causation and effectuation on firm performance [J]. Technological Forecasting & Social Change, 2018, 135(10): 121-131.

ZOLIN R, KAUTONEN T, KUCKERTZ A. The devil you know? The potential downside of strong and weak ties for entrepreneurial team formation[C]//Proceedings of 5th AGSE International Enterpreneurship: Research Exchange. 2008.

附录　创业者网络形成与演化机制研究调查问卷

尊敬的创业者：

您好！

本调查问卷专项用于学术课题研究，调查仅针对您的创业行为及企业特征展开，不涉及明确的个人信息，也不会将所收集的信息用于商业用途，有关企业经营数据的题项目的在于将调查对象进行科学分组，归纳分析。请您根据日常决策经营过程中的实际情况进行回答，感谢您对学术活动的支持，如果您对我们的研究成果有兴趣，可以在问卷最后留下您的电子邮件地址，我们会在项目完成后适时推送给您，谢谢。

同济大学经济与管理学院

第一部分：个人基本信息（请在与您情况相符的选项上打√）

1. 您的性别：A. 男　B. 女
2. 您的公司注册成立时间：________
3. 您的年龄：________
4. 您公司的注册资本：________（万元）
5. 您公司去年的营业额：________（万元）
6. 本公司创立之前您的创业次数：________
7. 公司所在行业（请在所提供的产业选项中选择相应代号）________

1. 能源；2.食品制造；3.纺织轻工；4.化工及新材料技术；5.生物医药；6.设备及机械制造；7.IT 及互联网；8.房地产；9.商贸零售；10.交通运输；11.餐饮住宿；12.金融；13.专业技术服务；14.科教文卫；15.传媒娱乐；16.其他

第二部分：关于创业者决策

请您使用尺度 1～7 评估您在经营过程中的决策行为。

序号	题项内容	一点也不	→					非常符合
1	我们会采取试验的方法来尝试各种不同的产品原型和商业模式	1	2	3	4	5	6	7
2	我们现有的产品和服务与最初的规划有着实质性的区别	1	2	3	4	5	6	7
3	在找到最佳商业模式之前,我们会进行不同的尝试	1	2	3	4	5	6	7
4	我们会谨慎地对待资源投入,以确保不会超过企业所能承受的最大损失	1	2	3	4	5	6	7
5	我们不会冒险投入更多资金而超过我们最初的损失预计	1	2	3	4	5	6	7
6	我们不会冒险投入过多资金以防止企业出现问题时陷入财务困境	1	2	3	4	5	6	7
7	我们会利用新出现的机会调整企业的现有业务	1	2	3	4	5	6	7
8	我们会根据已有资源决定做什么业务	1	2	3	4	5	6	7
9	我们具有及时开发和利用新机会的灵活性	1	2	3	4	5	6	7
10	我们不会采取有可能降低企业灵活性和适应性的行为	1	2	3	4	5	6	7
11	为了降低经营的不确定性,我们与顾客、供应商以及其他机构和个人建立了大量的合作关系	1	2	3	4	5	6	7
12	我们常利用顾客和供应商预先给予的支持推动企业发展	1	2	3	4	5	6	7
13	我们会从长远角度分析创业机会,并根据来能否提供最优回报来决定是否开发利用相关机会	1	2	3	4	5	6	7
14	我们制定了企业发展战略	1	2	3	4	5	6	7
15	我们的竞争战略旨在最佳利用企业所拥有的资源和能力	1	2	3	4	5	6	7
16	我们会有计划地组织、实施和控制运营流程,以实现预定目标	1	2	3	4	5	6	7
17	我们会采取目标市场定位和顾客选择战略,并对竞争对手进行分析	1	2	3	4	5	6	7
18	我们拥有一套清晰、完整的企业发展战略愿景	1	2	3	4	5	6	7
19	我们会有计划地实施产品研发、生产和营销策略	1	2	3	4	5	6	7

第三部分：关于公司的合作关系

请您使用尺度1～7评估公司现状。

序号	题项内容	一点也不	→					非常符合
1	公司与合作伙伴在主营业务上的差距较大	1	2	3	4	5	6	7
2	公司与合作伙伴在企业规模上的差距较大	1	2	3	4	5	6	7
3	公司的合作伙伴分布的区域较广	1	2	3	4	5	6	7
4	公司合作伙伴的类型较多（比如：供应商、同行、客户、政府、科研院所、金融机构等）	1	2	3	4	5	6	7
5	我们与合作伙伴有共同的抱负和愿景	1	2	3	4	5	6	7
6	我们与合作伙伴热切地追求共同的目标和使命	1	2	3	4	5	6	7
7	我们能明白合作伙伴的策略和需求	1	2	3	4	5	6	7
8	我们公司的员工和合作伙伴机构员工对合作关系持积极态度	1	2	3	4	5	6	7
9	我们与合作伙伴对如何开展工作达成了一致意见	1	2	3	4	5	6	7

第四部分：关于公司经营情况

请您使用尺度1～7评估您公司的经营情况。

序号	题项内容	一点也不	→					非常符合
1	我们企业投资回报率/利润率比去年高	1	2	3	4	5	6	7
2	我们企业所占的市场份额比去年大	1	2	3	4	5	6	7
3	我们企业新产品和服务推向市场的时间比去年更短	1	2	3	4	5	6	7
4	我们企业每笔业务交易的成本比去年低	1	2	3	4	5	6	7
5	我们企业内部对于公司业绩相当满意	1	2	3	4	5	6	7

续　表

序号	题项内容	一点也不	→					非常符合
6	我们企业的销售增长快于竞争对手	1	2	3	4	5	6	7
7	我们企业的现金流多于竞争对手	1	2	3	4	5	6	7
8	我们企业的市场价值相对竞争对手增长了更多	1	2	3	4	5	6	7
9	与同行相比，新业务的开发数量较多	1	2	3	4	5	6	7
10	与同行相比，新产品销售收入比重较高	1	2	3	4	5	6	7

您的参与对我们非常重要，再次感谢您参加此项研究！

如您对我们的研究成果感兴趣，可以留下您的邮箱________________